Lou Andreas-Salomé
Mein Dank an Freud

SEVERUS Verlag

Andreas-Salomé, Lou: Mein Dank an Freud. 2015
Neuauflage der Ausgabe von 1931
ISBN: 978-3-95801-015-4

Bibliografische Information der Deutschen Nationalbibliothek: Die
Deutsche Nationalbibliothek verzeichnet diese Publikation in der
Deutschen Nationalbibliografie; detaillierte bibliografische Daten
sind im Internet über https://dnb.de abrufbar.

Der SEVERUS Verlag ist ein Imprint der Bedey & Thoms Media GmbH,
Hermannstal 119k, 22119 Hamburg

SEVERUS Verlag, 2015
http://www.severus-verlag.de
Gedruckt in Deutschland
Der SEVERUS Verlag übernimmt keine juristische Verantwortung
oder irgendeine Haftung für evtl. fehlerhafte Angaben und deren
Folgen.

Lou Andreas-Salomé

Mein Dank an Freud

I

Lieber Professor Freud,

im Aufsatz von Thomas Mann kommen Sie sehr gut weg! Aber – schien mir das mit Unrecht? – es ist auch in diesem Fall, wie zu geschehen pflegt, ein kräftiges Mißverständnis nicht ausgeschlossen. Denn ist es bei Thomas Mann nicht ein bißchen so, als entnehme er das Eigentlichste an Ruhm und Preis eher seinem Ebenbilde? Ist er doch seinerseits der Eiferer fürs Rationelle, Rationale nur dadurch, daß er auch noch als Dichter sich mit aller möglichen Selbstbeherrschung von dem Einbruch romantischer Gelüste abhält: wenigstens scheint es mir so – und heimlich liebe ich an ihm die dichterischen Durchbrüche mehr als seine Standhaftigkeiten. Ihnen aber kreidet er ganz unverdient eine erste Zensur an für solche Standhaftigkeit gegenüber dem von ihm diagnostizierten Zeitgeist wiederbeginnender Romantik – während Ihnen doch nur das Eine schwer fiele, ihr nachzugeben. Denn wir alle um Sie, wir wissen es doch besser, wissen, welch ein Opfer es für Sie bedeutet hat, sich mit dem Irrationalen so tief eingelassen zu haben, wie Ihre großen Funde es erforderten. Uns allen ist ja eben dies Ihre Lebens – und Geistestat, daß Ihre Rationalität sich zwang zur Aufgrabung von Funden, die Sie ganz und gar nicht anzogen, sondern denen Sie – Hand aufs Herz! – oftmals am liebsten miteingestimmt hätten in das Mißfallen sämtlicher waschechtester Wissenschaftler vom Ende vorigen Jahrhunderts.

Entsinnen Sie sich wohl noch, wie Sie, im Münchner Hofgarten beim Tee, nach dem aufregenden Kongreß von 1913, mir aus neuerlicher Praxis von angeblich „Telepathischem" erzählten und mit einer unverhohlenen kleinen Grimasse hinzufügten:

„Sollte man forschungshalber auch noch wirklich in diesen Sumpf hineinsteigen müssen, so möge das möglichst erst nach meinem Ableben zu geschehen haben."

Bei aller Anerkennung für Thomas Mann,
„der nichts sage, was nicht Hand und Fuß habe",
bemerken Sie in Ihrem Brief doch auch über sein Porträt von Ihnen:
„er scheine eine Romantiker-Studie halb fertig gehabt und sie dann, wie die Tischler sich ausdrücken, mit Psychoanalyse furniert zu haben."

Für uns nun verhält es sich so: weil es sich ungefähr umgekehrt verhält, als wie Thomas Mann es sehen will, darum gerade ist unser Vertrauen in Freudsche Funde so unerschütterlich tief geworden, wie der Urgrund dieser Funde selber hegt. Oder darf ich das nur von mir aussagen? Nein! weil Ihre Forschungsergebnisse so gar nicht die Ihrer eigenen Wunschrichtungen waren, sicherte das nicht nur unser Vertrauen in unvergleichlicher Weise, es sicherte auch ein menschliches Mittun über das rein forscherische Verhalten hinaus. Es schuf die menschlichen Vorbedingungen für unsere Nachfolge in der Arbeit an der Tiefenforschung. Ganz unwillkürlich gedenkt man da der halb scherzhaften, aber mitunter von Gegnern auch ziemlich ernst

gestellten Frage: „bei wem und wodurch denn der Schöpfer der Psychoanalyse selber analysiert sei, da er ein solches Verfahren für alle Mitgliedschaft als unerläßlich betrachtet?" Nun! zum Schöpfer wurde er durch eben dieses Verfahren: durch seinen Kampf mit dem, was wir in unserer Sprache den „Widerstand" nennen, den Widerstand seiner Natur gegen das, was sie ebenso gern „verdrängt" erhalten hätte, gegen das, was ihrem Geschmack unbequem war, „widerstand" – und woran sie, in der Reibung mit sich selbst, Genietat wurde.
Sie als Ihr erster Analysand waren es, der die Psychoanalyse schuf.

Und deshalb war auch erst hiermit Grund und Boden gewonnen, auf dem der andere Widerstand fest fußen konnte: der wider Vorurteil und Verunglimpfung, Hohn und Empörung der Menschen. Der Standpunkt war damit gegeben, von dem aus Opfer um Opfer gebracht worden ist für eine Sache, die ja nicht nur geschändet und an den Pranger gestellt wurde in dem Sinn, wie es neuen Bewegungen meistens geschieht, sondern aus den geheimen Beweggründen einer Furcht und Flucht vor sich selber, wodurch der Mensch
„hier offenbar durch ein besonderes Hindernis von der eigenen Person abgelenkt und an der richtigen Erkenntnis verhindert" wird (Freud).

Uns allen ist es seither leicht gemacht, jeder nur denkbaren Unbill zu begegnen – seit Aufgrabung des Allgemeinmenschlichen, zuerst aufgedeckt unter Preisgebung Ihrer selbst und des eigenen persönlichen Materials. Seitdem ist Selbsterkenntnis furcht- und fluchtlos durchführbar als Selbstbekenntnis. Zugleich aber auch, an der einmalig für allemal vollzogenen lebendigen Tatsache durch Sie, sind uns Anderen für immer Forschungswille und Opferwille eins geworden, um uns zu weihen für den schönsten der menschlichen Berufe.

II

Über dem schönsten Beruf steht Ihr Arztwort:
„Der Kranke hat immer Recht! – Die Krankheit selbst darf ihm nichts Verächtliches sein, vielmehr ein würdiger Gegner werden, ein Stück seines Wesens, das sich auf gute Motive stützt, aus dem es Wertvolles für sein späteres Leben zu holen gilt."

Dies Wort nimmt vom Kranken die Isolierung, worin er wie inmitten einer Leere dasteht, es nimmt das Mißverständnis einer Schande von ihm und öffnet den Kontakt von Mensch zu Mensch. Es begründet den Kontakt auf der Gleichheit menschlicher Beschaffenheit und verneint ihn deshalb gleichzeitig in jedem Sinn individueller Bindung.

Vom Analysanden her erscheint diese allerdings individuell begründet: ruht doch die ganze Analyse auf der „Übertragung".

Um deren Sondercharakter sicherzustellen, haben Sie, von Beginn an beinahe, darauf aufmerksam gemacht, daß der Analysand seine Affekte, sowohl die pro wie die kontra den Analytiker, auf ihn nur „überträgt" aus der eigenen ältesten Affektvergangenheit, ihn mit diesen Stücken nur behängt wie einen ihm bereitwillig hingehaltenen Kleiderständer, und daß er dies Verfahren bis zuletzt auf zweierlei Weise übe: teils an der Hand seiner, analytisch aus Verdrängungen heraufgehobenen Erinnerungen, teils, wo diese stocken, in unwissentlichen und unwillkürlichen Aktionen pro und kontra – somit indirekt, in agierendem Verhalten –

das Unterdrückte zur Kenntnis des Andern bringe. Aber auch darauf haben Sie ja hingewiesen, wie etwas von diesem Ursprung unsern Affekten und Bindungen überhaupt eigne, wie ihr Wurzelgrund am Frühesten und Ältesten unserer Eindrücke hafte und aus dieser Vergangenheit auch die Gegenwart noch aufbaue – wie demzufolge das letztlich Unterscheidende der Übertragung während der Analyse erst gegeben sei durch das Reagieren des Analytikers darauf; indem er sie nicht zu erwidern, sondern zu verwenden hat, auszubeuten hat als Heilmittel, gleichviel ob sie sich störend dagegen einstellt: sei es durch ein Schönfärben des Erinnerungsmaterials im Werben - um Zuneigung, sei es im gegnerisch gesinnten „Widerstand". Erst mit zunehmender Einsicht des Analysanden in diesen Innern Tatbestand beginnt die volle Gemeinsamkeit der Arbeit, die Erforschung von Zusammenhängen im Unbewußten, also dessen, was Beiden sich erst daran erschließt.

Dies Moment ist es ja, was die Tiefenforschung so vollgültig von den Praktiken der Beichte einerseits, der Hypnose (von der sie ursprünglich ausging) andererseits trennt – von dem, was auf bewußte Motive des Handelns fahndet, um sie erziehlich zu beeinflussen, sowie von dem, was seelische Automatie herzustellen strebt, bis die Suggestibilität gegenüber dem Hypnotiseur das Bewußtsein überrumpelt hat. Von beiden, Hypnose wie Beichte, kann fälschlich was in die Tiefenforschung hineingeraten, sobald ihre Methodik nicht streng genug befolgt wird, sobald der Wunsch, suggestiv zu wirken, die innern Bewegungen, die im Analysanden vor sich gehen, verwischt – undeutlich macht, was daran selbsttätig oder eingeflüstert sei. Solche Überaktivität geschieht leicht ohne jede Absicht dazu, je nachdem ob im Analytiker allzuviel „Führertum" vorherrschen möchte, oder auch allzuviel drängende Teilnahme: denn die „mit dem goldenen Herzen" verwechseln nicht minder irrtümlich Psychoanalyse mit Samaritertum. Aber auf der andern Seite müssen wir uns auch sagen, daß der Bogen der Neutralität und Objektivität ebenfalls überspannt werden kann und es nicht selten auch wird: in einer ganz vorwiegend intellektuellen Einstellung, die auf Schonung der Nerven vor dem Aufreibenden des Berufes abzielt und darüber zu vergessen geneigt ist, bis zu welchem Grade bereits das Hineinhorchen und Sich-Einfühlen in die fremden Seelenäußerungen ein volles Hinhalten des eigenen Unbewußten voraussetzen, und daß „aktiv" und „passiv", beides, sich dafür zusammentun müssen, was nicht gelingt, wo wir mit uns „sparen". Nicht weniger als unserer ganzen Zusammenfassung zu solchem Dienst bedarf es, damit Helfer und Hilfsbedürftiger sich tief genug treffen in ihrem beiderseitigen Mühen, nämlich dort, wo wir uns ja bloß darum treffen und helfen können, weil wir gleichen Menschentums sind.

    Denn das wollen wir uns doch klar machen, wir alle Arbeitenden an diesem Beruf, an dieser Berufung: unsere Überlegenheit besteht von Fall zu Fall doch nur in einem Doppelten: einmal in dem uns durch die Freudsche Methodik erarbeiteten Wissen und sodann in der simplen Tatsache, daß wir der Zweite sind, der dem Münchhausen beisteht, sich am eigenen Schopf aus dem Wasser zu ziehn, und dessen, gegebenen Falles, auch der gewiegteste Analytiker nicht entraten könnte. Dies gewinnt noch an größter Wichtigkeit dadurch, daß der Erkrankte seine Krankheit ja gleichsam selber wie einen Zweiten in sich trägt, als eine Abspaltung von seiner Persönlichkeit, die ihm in seinem Genesungswillen dreinspricht, seine bewußtesten Bemühungen, ihm unbewußt, wie ein listiger Betrüger, ausnutzt und hintertreibt. Im Kampf dieses Zweierlei in ihm kommt es erst allmählich wenigstens bis zu der Einsicht: mit dem Leiden nicht identisch, sondern damit nur behaftet, ablösbar verknüpft zu sein; aber noch mitten in letzter Ablösung bleibt jede krankhafte Reaktion von der gleichen feindseligen Tücke – ein Patient beschrieb es lebhaft: wie in einem in hundert Splitterchen zerschmetterten Spiegel erkennt man noch im letzten Splitter das ganze Antlitz des Feindes vollständig. Bis der Haß wider diesen Eindringling sich ebenfalls so kondensiert hat, am Glück der Genesung zu ebenso ungeteiltem Zorn wird, als einst passives Gewährenlassen statthatte. Denn mit den lösenden Erinnerungen steigt auch die an die Urängste auf, an deren Unentrinnbarkeit die Neurose sich ansetzte, und läßt sie gegenüber der nun freigelegten Realität in ihrer grausigen Gespenstigkeit erscheinen. Auch dies äußerte ein Patient wie eine neue, ihn stark ergreifende Erwägung: zu denken, daß dergleichen hinter dem Menschen liegt – hinter jedem Menschen, in der Hilflosigkeit erster Erlebnisse, und vor der Entscheidung, ob sie sich gesund bewältigen lassen würden, – das ergäbe ein Grundwissen Menschlichem gegenüber, das jeden Einzelnen, möge er uns später als noch so trivial vorkommen, der bloßen Banalität enthöbe.

In der Tat scheint es mir von Analyse ebenso unabtrennbar, daß sie den Einzelnen zerpflückt und zerfasert, wie auch, daß sie ihm eine Grundbedeutung, jenseits von Scham wie von Stolz, zur Fühlbarkeit bringt, die auch durch Krankheit nicht zweifelhaft, sondern von ihr nur bestätigt wird. Ein Zufall wars ja nicht, daß es der Arzt gewesen, der zur Tiefenforschung den Weg fand. Vor Ihnen nahmen Psychologen zum Ausgangspunkt fast nur den sogenannten gesunden Menschen, oder das Pathologische wurde dem Mystischen angenähert. Es war meistenteils etwa so, als ob, am Rande eines Gewässers, über die darin unsichtbar schwimmenden Fische Meinungen getauscht würden: entweder philosophisch über sie fabelnd oder aber was davon herausangelnd, um es toter Beute zuzuwerfen, die schon bereitlag zur exakt vor sich gehenden Zerlegung, Erst jetzt wird der wunde Fisch vom Angelhaken genommen, um so – untersuchbar an seiner Verwundung wie ein Totes – dennoch vom Fisch-Wesen zu künden, ehe er wieder untergeschlüpft ist in sein Element. Das ist, wie mir vorkommen will, bedeutungsvoll geworden für unsere Art, überhaupt die Begriffe von Gesetzmäßigkeit und Kausalität praktisch anzuwenden. Daß mit der Determinationsfrage die Psychoanalyse stehe oder falle, ist Ihre klare Äußerung darüber. Aber es vollzog sich daran von selbst das Determinieren in einem Doppelsinn: zugleich in Anwendung der verstandesgemäßen Diagnose am Einzelstück, und auch von immer neuen Begründungen und Bedingungen angeschlossen ans Gesamte lebendigen Wesens, je tiefer hin es sich noch der Verstandesmethode nähern läßt. Am frappantesten hatte es sich Ihnen in der Traumwelt aufdrängen müssen, wie, von Schicht zu Schicht, an den jeweilig sich ändernden Lageverhältnissen der Einzelheiten das kausal Erfaßte sich „überdeterminiert" sah, indem Bewirkendes und Bewirktes sich immer tiefer kreuzten: schier unerschöpflich selbst für die Deutungsarbeit eines ganzen Menschenlebens. Was aber nahmen Sie da mit Ihrem „Überdeterminierungs"begriff einfach vorweg? Etwas von dem, was seither im wissenschaftlichen Betrieb längst anstatt der „Kausalitätsreihe" den „Konditionalismus" einführte und weiter der Auffassung Raum gab, daß nur in willkürlich geschlossen gedachten Systemen mit erkannten Bedingungen auszukommen sei. Denn unsere, logisch zu bewältigenden Außenerfahrungen, sich wissenschaftlich mehrend und ausnutzbarer von Tag zu Tag, mögen sich ebensoweit erstrecken ins noch Unerfindliche, wie unsere Innenerfahrungen tief und tiefer gehen.

Für uns Psychoanalytiker folgt daraus aber drum auch genau dieselbe Notwendigkeit nur um so determinationsstrengerer Handhabung unserer Technik und Methodik, wie für die Naturwissenschaft die ihre. Lediglich am jeweilig erschlossenen Stück schützen wir uns vor dem Unzulässigen und Unzuverlässigen subjektiver Mutmaßungen, die sich in die Wissenschaft nisten wollen, und wiederum sie hemmend hineinmischen die Voraussetzungslosigkeit frei flutender Erlebniseindrücke. Wo unsere Gegner – oder uns bloß „Wohlwollende" – so gern mit ihrer Synthetik anrücken, womit sie die Psychoanalyse ergänzt wissen möchten, begehen sie damit nur derartige Verunreinigungen – indem sie sich als Ratgeber pädagogischer, moralischer, religiöser oder sonst welcher Sorte hinzugesellen. Anstatt des überheblichen Vertrauens, das sie damit sich selber zollen, sollten sie lieber dem unbewußten Besserwissen eines wahrhaft Gesundeten vertrauen, der, wie der seinem Element zurückgegebene Fisch, keinen Wegweiser im Wasser braucht, und den man damit nur auf fremdem Boden aufhält. Noch ganz abgesehen davon, wie sehr damit wieder angeknüpft würde an die Ursachen seiner Erkrankung: an die eben erst abgetragene Hörigkeit seiner Infantilität.

Mit Recht haben Sie darauf hingewiesen, wie normal es sei, wenn der Analysand seines Analytikers nicht mehr viel gedenke, so wie der Gesunde seiner Medizinflasche nicht weiter anhänge. Hingegen kann ich es mir nur schwer vorstellen, daß dies sich umkehre: schwerlich vergäße der Analytiker seines gewesenen Analysanden, eben wegen des unwiederholbaren Schauspiels, das er ihm bot. Denn worin besteht, genauer betrachtet, das jedesmal Einzige der seelischen Situation? Darin, daß nur innerhalb ihrer dem Forscher in uns sich ein Material bietet, wie es, so intim und lebensnahe, selbst dem nächststehenden Freunde noch entginge, und daß dennoch gerade seiner rein forscherischen Zuwendung dazu sich die Tiefe unseres Allmenschentums auftut, als ob sie sich seiner eigenen Selbsterkenntnis erschlösse. So handelt es sich um ein Doppelergebnis von Geben und Nehmen, indem das Forschungsziel nur erreichbar wird auf Grund eines Erlebens von Mensch zu Mensch, und dies Erleben seinerseits doch nur als der Erfolg forscherischer Objektivität. Sieht der

Analytiker dann, am Ende seiner Arbeit, wenn sie wahrhaft erfolgreich war, den Davonschreitenden vor dem eröffneten Tor, das ins Leben des Tages zurückführt, dann steht er sich wohl einmal die stille Frage: „würdest auch du das haben überwinden und leisten können?" um so mehr, als ihm aufgehen mußte, wie oft ein Sturz ins Neurotische seine Voraussetzungen in feinsten seelischen Ehrgeizen und Überanstrengungen hat. Im letzten Gruß bei der Trennung hegt deshalb zugleich etwas vom ernstesten Respekt, den der Mensch dem Menschenschuldet.

Wissen Sie aber, woran mich dies auf das stärkste erinnert? An ein Kolleg von Ihnen aus dem Wintersemester 1913. Daran wie Sie, nachdem Sie uns einen Neurosefall ein paarmal rückwärts Schicht um Schicht, klargelegt hatten, – ihn plötzlich, mit leichter Hand, fast wie man einen Kuchen aus seiner Blechform stülpt mit einem Griff in unversehrter Ganzheit vor uns zur Sichtbarkeit hoben. Was in jenem Augenblick mich – uns – erschütterte, war die unausweichliche, von Ihnen absolut nicht beabsichtigte, Empfindung, Gewißheit: Menschenleben – ach! Leben überhaupt – ist Dichtung. Uns selber unbewußt leben wir es, Tag um Tag wie Stück um Stück, in seiner unantastbaren Ganzheit aber lebt es, dichtet es uns. Weit, weitab von der alten Phrase vom „Sich-das-Leben-zum-Kunstwerk-machen" (von welcher Selbstbespiegelung am sichersten, ja eigentlich allein, Psychoanalyse heilt); wir sind nicht unser Kunstwerk.

Aber mir wurde daran vollends klar, was sich mir schon oft aufgedrängt hatte: warum in der erwähnten Gegenübertragung des Analytikers auf den

Analysanden, in der Art seines Interesses für ihn, etwas überraschend Analoges sich findet vom Verhältnis des Dichters zu seinen Gestaltungen. Es ist jener Grad von Objektivität, Neutralität, bei restloser Drangabe, die, unterirdisch, unwissentlich, ganz und gar auf letzter menschlicher Gleichheit beruht. Deshalb unberührt bleibt vom Umstand, ob sich da etwas gestaltet, was, bei individueller Wahlfrage, abgelehnt würde, ob nicht geradezu abstoßende Züge, eifrig aufgedeckt und eingezeichnet, sich daran kundtun, – von uns selber, ganz rücksichtslos in bezug darauf, bleibt jene affektlose Verbundenheit, die z. B. macht, daß man empört Jemandem an die Gurgel springen möchte, der von einer so geschaffenen, beschaffenen Gestalt angewidert, äußern wollte, sie sei ihm lediglich verächtlich. Man könnte die zwei Arten der Bezogenheit zum Objekt – bei Analytiker und Dichter – als unvergleichbar ansehen, trotz diesem gleichen Absehen vom „bitte recht freundlich" des Photographen, trotz diesem zuversichtlichen Sichhineinversetzen in die innere Lage eines Menschen, gleichviel wie sie sei, als läge sie in jedem Fall richtig zu einem selber; man könnte an der Gegensätzlichkeit der beiden Methoden Anstoß nehmen, als einer möglichst analytisch und einer möglichst synthetisch gerichteten. Und dennoch besagt deren Gegensätzlichkeit im wesentlichen nur, daß das eine Mal ein Gewebe nach seiner Linksseite betrachtet wird, auf den Verlauf der einzelnen Fäden, deren Verschlingungen und Knotenpunkte – und das andere Mal auf das Totalmuster der Rechtsseite und dessen übersichtlichen Eindruck.

    Nicht nur im Erkrankungsfall ist es, daß das

„Muster rechts", der Gesamteindruck, nicht voll sichtbar wird, es gibt auch eine Art des Gesundseins, die davon abhält, indem jemand mit einem zu Wenigen seiner Wesensmöglichkeiten vorliebnahm. Nicht ganz selten, z. B. bei „Lehranalysen", im Suchen nach dem persönlichsten Punkt, woran die „Lehre" praktisch aufgehen kann, kommt einem die Frage: „bliebst du nicht zu gesund?" anstatt der gewohnteren: „woran erkranktest du?" Und da kann man an Stelle der zwei üblichen „Widerstände" in der Analyse – dem Festhalten am Verdrängerischen und dem Festhalten an der Symptomatik des Verdrängten – einen dritten Widerstand erfahren, der zunächst sehr berechtigt erscheint, so sehr, wie die wohlbewahrte Gesundheit des Betreffenden selber: gilt sie doch der Unlust, Einbrüche in sein wohlgezimmertes untadeliges Häuschen und seine Siebensachen darin, gutzuheißen – gewissermaßen die Einheitlichkeit seiner Person antasten zu lassen. Es handelt sich dabei um die uneingestandene Furcht, die allzu früh und fest um uns gebauten vorsichtigen Gewöhnungen könnten plötzlich gleichsam transparent werden unter der Durchleuchtung weiterer, größerer Bauumrisse, als wir bei unserm zu engen Plan berücksichtigten, – ja, sie könnten in ein Grenzenloseres verzittern, als wir jemals riskiert hätten. Gesund und „gesund" ist deshalb wohl zu unterscheiden, will man nicht der Mißdeutung Vorschub leisten, die uns manchmal vorwirft, wir überschätzten das Gesundmachen, und manche Krankhaftigkeit erschlösse die fruchtbareren Möglichkeiten. Krank heißt uns das Funktionsgestörte, gesund kann aber falsch definiert werden als das an Substanz Verkürzte, innerhalb davon aber Intakte. Was man „Masse Mensch" zu nennen pflegt und vor individuell Vorragenden abzuheben, fällt mit diesem Begriff nicht zusammen; der an individueller Entwicklung durch Umstände Behinderte kann den vollen Zugang zu seinem Urgrund haben, als zu dem, was vom Unbewußten lebensschöpferisch in ihm emporströmt; andererseits kann der Entwickelteste diesen Zugang mißachtet haben, als unvorteilhaft für das, was Verstand und Praktik aus seinem Schicksal machen möchten. Solche bloße Ausnutzung und bewußte Kombinierbarkeit des Allgemeinsamen, anstatt des Sichüberlassens der eigenen Tiefe, stellt ihn als um vieles Verkürzten dar, trotz aller Erfolge auf der Oberfläche.

Wo eine Analyse sich voll auswirkte, da wird sie deshalb dem Genesenen zu einer verstärkten Vision von seiner eigenen Gestaltungsinöglichkeit. Die Heimkehr zu sich vollzieht sich ihm als zu etwas, was wohl er ist, aber auch mehr ist als er: das erhebt sich ihm gestalthaft, um aus Vergessenstem, Urvertrautestem, in ihm nun erst Auftrieb zu werden zu persönlichem Eigenleben. Darum anders, als bloßer ,Vorsatz' fühlbar würde, oder Entschluß, bloße Einsicht ins Krankmachende oder nur dessen Verurteilung – nein, befreiter Triebausbruch muß sich darin wandeln zu erneuter Liebesseligkeit. Mit Bedacht wähle ich dies starke Wort: Genesung ist eine Liebesaktion. Einkehr in sich wird erst Heimkehr im Gefühl eines Empfangenwerdens, Beschenktwerdens im Insgesamten; wird erst daran eigener Impuls zur Betätigung, an Stelle des alten In-sich-Stecken-Bleibens und Ins-Leere-Gehens. Durch Psychoanalyse wurde ja nichts – wie ein aus der Luft gegriffenes Ausgedachtes – geschaffen, es wurde nur etwas aufgegraben, entdeckt, aufgedeckt, bis – wie unterirdisches Gewässer, das man wieder raunen hört, wie aufgehaltenes Blut, das man wieder pulsen spürt, – Zusammenhang sich uns lebendig bezeugen kann. Psychoanalyse ist nichts als das Entblößungsmanöver, das, vom noch Kranken als Entlarvung gemieden, vom Gesunden als Befreiung erlebt wird; deshalb sogar dann noch, wenn die inzwischen unverändert gebliebene Außenrealität ihn mit Schwierigkeiten noch so umdrängt: denn zum ersten Male gelangen Wirklichkeit und Wirklichkeit damit zueinander, anstatt Gespenst zu Gespenst.

III

Ich denke, Sie könnten finden, daß ich reichlich emphatisch von den möglichen Erfolgen voll durchgeführter Analyse rede (also von einer solchen, bei der die Zeit zur Vollendung nicht abgeschnitten wurde, und die Ausdauer des Genesungswunsches nicht versagte). Dennoch gründete sich, was ich da behaupte, auf Ihre Feststellung von dem, bis wohin alle Analyse gelangen sollte, um Erneuerung zu veranlassen nämlich bis zu jenem Urgrund in uns selber, den Sie den „narzißtischen" getauft haben: der letzt erkennbaren Grenze unserer Zuständlichkeit, über die hinaus „unsere grobe Analyse" nicht mehr reicht. Wovon Sie mir 1912 zuerst mündlich sagten, und was dann als „Einführung des Narzißmus" einen so entscheidenden Vorstoß in die psychoanalytische Weiterforschung bedeutete, das ist mir allerdings dauernd vorgekommen wie eine nie genügend ausgebeutete Einsicht: und zwar darum, weil von unseren Autoren meistens das Narziß- tische unscharf mit „Selbsthebe" umschrieben wird. Auf meine Klage darüber geben Sie schriftlich einmal zu, es würde vielleicht bewußte und unbewußte Selbstliebe da nicht genau genug unterschieden; aber enthält nicht eben dies den Punkt, wo „Selbst" sich in seinen Gegensatz herumgedreht sieht? Das heißt, wo die Liebe zu sich noch unabgehoben mitenthält – selbstlos – den urtümlichen Zusammenhang mit allem ? Dieser Nabelstrang, der unvernichtbar im Hintergrunde unserer bewußten Trieberregungen wirksam bleibt – am unverkennbarsten eingewurzelt unserer Körperlichkeit, unserm eigenen unabtrennlichen „Außen", das wir dennoch selber sind, – machte doch den neuen Terminus erst notwendig. Im Gebiet des Körperlichen kann am ehesten Verwechslung von „Selbstliebe" (im üblichen Wortgebrauch) mit solcher, das Selbst noch nicht vereinzelt heraushebenden Alles-in-eins-Umfassung stattfinden, sofern ja an unserer Physis sich uns Innen und Außen dauernd so widerspruchsvoll gemeinsam darstellt. Veranlaßte Sie dies doch, fürs Narzißtische das Bild von den Moneren anzuwenden, die Scheinfüßchen aussenden, um sie stets wieder im eigenen Protoplasmaklümpchen aufzulösen – so wie wir vor jeder neuen Objektbesetzung unsere Libido in uns selbst zurücknehmen wie in ein Reservoir noch ungegliederter Ichwelt und Umwelt. (Übrigens kann ich nicht umhin, hier, als Einschiebsel, ketzerisch herauszusagen, daß der voll ausgebeutete Narzißmusbegriff den Ihres spätem „Es" erfreulich überflüssig zu machen scheint, dem ich nicht gut gesonnen bin. Denn das Es schildert keine Zuständlichkeitsgrenze mehr, sondern erstreckt sich darüber hinaus in philosophische Begriffsbestimmungen, deren es drum bald schon so viele Esse wie Philosophen gibt, was psycho analytisch beirrend bleibt, als setzten wir uns da schon an überbesetzten Tisch.)

Ich sehe einen Grund, warum man der großen Bedeutsamkeit des primär Narzißtischen nie voll gerecht wird, darin, daß uns Menschen unwillkürlich das spätere bewußte Selbst lediglich von der Seite des errungenen Gewinnes über den urhaften Zustand innewird. Uns bleibt nicht recht gegenwärtig, inwiefern jenes im Vergleich zu diesem doch auch notgedrungene Beeinträchtigung in sich begreift. Unsere volle Individualisierung und Bewußtheit von uns selber wäre ja nicht nur ein Mehr, eine Zutat, Zunahme von – sozusagen – Vorhandenheit, sondern gleichzeitig auch eine Einbuße, ein. Abstrich an unteilbar Wirklichem. Abgesetzt sein zu Gesondertem, Eigenem heißt stets doppeldeutig: abgehoben und: beiseite gesetzt. Und dieses Umstandes eingedenk zu bleiben, erscheint um so wichtiger, als das „Grenz- Narzißtische" lebenslänglich in einer Doppelrolle aufzutreten hat: sowohl als Grundreservoir aller seelischen Äußerungsweisen bis ins Individualisierte oder Subtilste hinein, wie auch als Stätte jedes Zurückrutschens, jeder regressiven Tendenz, vom Ichentwickelten weg zu dessen. Anfangsäußerungen durch pathologische „Fixierung" an die Infantilität. Gleichwie unsern Organen, mögen sie sich noch, so differenziert haben, eine Protoplasmareserve verbleibt, aus der sie ihre Lebensfähigkeit beziehen, und wie andererseits dennoch, in der Fähigkeit zur Differenzierung bis ins einzelste ihr Leben sich erweist. Ist doch dies die eigentliche Aufgabe der Psychoanalyse, die Voraussetzung für ihr praktisches Meisterstück: den Angriff gegen das Pathologische, Zurückgebildete zu leisten, zwecks Freilegung des schöpferisch Lebendigen im selben „Narzißmus".

Jenseits dessen, was noch als Zuständlichkeit erhaschbar wird, entlang narzißtischer Grenzbekundungen, verbirgt sich seelisches Erleben unserm bewußten Nachprüfen schon in Vorgänge biologischer Natur – d. h. von da ab vollziehen wir schon den Umschwung, wonach seelisch Benanntes uns nicht mehr seelisch begleitbar ist, sondern nur von außen her untersuchbar, unserer Bewußtheit gegenübergestellt als Körperlichkeit. Nur an einem Punkt können wir vermeinen, den Umschwung selber noch mit Händen zu greifen: als etwas, das gleichzeitig in seelische Erregung umgesetzt und doch auch als physiologischer Vorgang, d. h. „von außen her", zu verfolgen ist: im sexuellen Vorgang. Fast dünkt es einen merkwürdig, warum, gerade hieran das blöde Anti-Freud-Geschrei wegen Überschätzung des Sexuellen sich erhob: muß man denn nicht, um die Sprossen einer Leiter zu besteigen, diese zuvor am Boden, von dem sie aufsteigt, in Augenschein nehmen? d. h. also da, wo Leiter und Boden sozusagen noch ein und das- selbe gelten? Noch bei den „beseeltesten" Kundgebungen fällt die ganze Leiter um, wenn sie von ihrem Grund und Boden verrückt wird (es müßte denn die bekannte Himmelsleiter sein). Und insofern bleibt es sich dafür gleich, an welcher ihrer Sprossen man sie auf ihren „sublimierten" oder körperkrassesten Befund untersuchte. Ja im Gegensatz zum sonst üblichen und löblichen Brauch, die Dinge, von denen man reden will, zuvor säuberlich zu definieren, würde man deshalb an diesem Punkt noch am besten die Benamsungen durcheinanderwerfen (wie Sprossen eben Sprossen bleiben und auswechselbar sind), ob nun die Rede geht von Sexualität, Wollust, Geschlechtlichkeit, Eros, Liebe, Libido oder sonst was davon.

Denn das Leibliche, das Trennende von Ding zu Ding, von Person zu Person, steht ja in dem „offenbaren Geheimnis", das zugleich die Innenvorgänge und die des Außen durchaus und allein Einigende zu sein: ist unser eigener Leib ja doch nichts als unser nächstbenachbartestes Stück Außerhalb – uns untrennbar intim, identisch, und doch auch von uns dermaßen geschieden, daß wir ihn gleich allem Übrigen der Dinge von außen her kennenlernen und studieren müssen. So ist er auch in unsern Objektbeziehungen gleichzeitig trennende Schnittfläche zu allem wie auch Treffpunkt mit jeglichem – unser Abgrenzendstes wie unser Allgemeinsamstes – bis in die chemische Formel hinein, die uns noch dem Anorganischen als Dasselbige angleicht. Dieser Umstand stellt unsere Leiblichkeit so genau in den Mittelpunkt allen Liebesgetriebes zwischen den Objekten, mitten auf die Triebbrücke, die, von unserer Isolierung durch den leibpersonalen Umriß, hinüberführt zum Allverwandtsein durch die Leiblichkeit, als verwahre sich in ihr, und nur in ihr, die Urerinnerung an unser Aller Gleichheit, von der unsere Liebesaritriebe des einen zum andern sozusagen noch einen Restbestand bilden. Doch andrerseits erwächst in Jedem auch eine Leibfeindlichkeit infolge dieses Widerspruchs der Urtendenzen zur eigenen Ichentwicklung, die ja, in ihrer Personalbegrenzung, ebenfalls was auf sich hält, also viel dagegen hat, überrannt zu werden und sich einigend aufzugeben. Dies doppeldeutige Verhalten zum Leiblichen, diese „Ambivalenz" unserer seelischen Einstellung dazu, hat der Schöpfer des Terminus (unser alter Freund und Widersacher Bleuler) mit Recht vermerkt; auch ohne jede „ethisch" gerichtete Erklärung ist solches hemmendes Prinzip in unsere Struktur eingebaut als Festung gegen das Überranntwerden. Denn wie man das darunter Befürchtete auch nennen mag – ob

Sexualrausch, Triumph des Eros, Liebesmacht oder Stachel der Wollust oder mit anderen seiner vielen Taufnamen, es bleibt in jedem Fall Teilhaberschaft am Unbewußten und deshalb ein Gewaltausbruch gegenüber den geordneten Befestigungen unseres Ich-bewußtseins.

Nichts erscheint dafür bezeichnender als die Tatsache, daß unsere frühsten Sexualphasen zugleich eine passive und eine aktive Komponente aufweisen, eine des Hingegebenseins und eine der sich wehrenden oder bemächtigen wollenden Aggression, daß also in Gegensatzpaaren hervortritt, was an infantilen Partialtrieben sich an den erogenen Zonen des Leibes entfaltet (wie es nach Ihrer Feststellung unser unersetzlicher Abraham des nähern ausgeführt hat). Es macht den Eindruck, wie wenn das ununterschieden und unbewußt noch Allesenthaltende sich, wenigstens in diesem Einbegreifen selbst seines Gegensätzlichen, noch durchsetzen wollte beim Übertreten ins Bewußte (wie es am Speziellsten der – drollig-persönlich so genannte – Sadomasochismus in sich vereint. Wenn daher C. G. Jung die Freudschen „Partialtriebe" ganz insbesonders beanstandete, als fielen Sie damit zurück in die alte Schulpsychologie der einzelnen „Vermögen", so kann man umgekehrt finden, nichts sei einleuchtender als diese Auffächerung, Auffaltung des Urdrangs ins leiblich Einzelne – gerade wie eine letzte Liebesverkündigung vom ganzen Rand des Leibes, ehe sie sich, mit dessen Ausreifung, zusammenzieht in ein Extrabehältnis am selbständigen Individuum. Man meint zu sehen, wie uranfänglich die gesamte Hautdecke sich sehnsüchtig streckt nach der abgerissenen Fortsetzung vom Mutterinnern, die noch keines Triebdranges bedurfte, um einverleibt zu sein im Ganzen; orale Wollust schlürft mit der Brustmilch noch sich selbst – einen Augenblick lang noch wahrhaft autoerotisch, bis mit dem Durchbruch des Zahnens schon aggressivere Bemächtigung den „Andern" dahinter vorhanden ahnt als den zu Unrecht einem selber entrissenen Eigenteil in der Liebesreife kommen wir am allerliebsten auf diese „Vorlust" der Mundzone zurück, wo, wie in den Gepflogenheiten ältester Volksstämme, sich Leibhaftes mit Sinnbildlichem, Kannibalismus mit Sakraldienst bindet. Ein Mächtiges ist überhaupt an diesen frühinfantilen Sexualphasen, daß Leibhaft und Seelenhaft noch so ineinandergesammelt bestehen, weil mit dem noch geringen Von-sich-selbst-Wissen des Menschen auch dasjenige noch fehlt, was später die „zwei Seelen in seiner Brust" entzweit: nämlich die Verpönung. Mir ist das am stärksten aufgefallen an dem am frühesten verpönten der Sexualtriebe, dem analen, dessen verächtliche Benennungen geradezu lebenslänglich von der Verpönung alles Unmoralischen übernommen werden: wie „Auswurf", „Schmutz", „Ekelerregendes", „Niedrigstes", in „übelstem Geruch Stehendes" etc. Darüber wird, oft auch von uns fast, außer Acht gelassen, ein wie ungeheuer Wichtiges auch positiv sich am Erlebnis des Analen vollzieht in Hinsicht auf unsere geistige Einstellung zur Welt; im Kampf um die erste Reinlichkeit erfährt das Kleinkind seine körperlichen Ausscheidungen zugleich als einen Teil Draußen, als Fremdobjekte, die entfernt, verworfen werden, und doch auch noch als sich selbst, als seinen Eigenteil, den es in und um sich behalten möchte;

unterschieden und selbstbezogen erfährt es daran, an Stelle der autoerotischen Verwechslung, eine Überbrückung von Innen und Außen gerade an deren Unterscheidung: und eben dies ist ja der Auftakt zu unserm lebenslänglichen geistigen Tun – zu dem Zusammenwirkenlernen der immer weiter gehenden Unterscheidungen und der triebstarken Umklammerung, die das Weltgegenüber mit uns ineinanderhält. Subjekt und Objekt in ihrer ewigen Problematik geraten deshalb von dort aus nicht nur bis in die philosophischen Spekulationen der erwachsenen Leute sondern werden auch noch einmal Person und reifstes Gefühlserlebnis: in der glorreichen Befähigung der Mutter, ihr Geborenes gleichermaßen als sich wie als Teil außerhalb ihrer zu empfinden – letzte Quelle jeglicher Bindung, wie auch für uns Bewußtseinsmenschen, jeglicher geistigen Bewußtmachung des Weltgegenübers, das sich an der Enge unseres Einzeltums abgrenzt.

Sind die frühen Sexualphasen – etwa das verlangende Tastgefühl, der orale Einverleibungs- oder anale Entäußerungstrieb – dem Liebesobjekt entgegenkommend gerichtet, so gibt es auch noch eine infantile Wendung, die sich charakteristisch davon abhebt; einerseits schon ganz auf das Genitale vorausgerichtet, trotzdem das ja erst mit der Pubertät zu seinem Vollzug am Objekt zu kommen hat, andrerseits zu etwas Autoerotischem zurückgebogen, das doch schon im Frühesten aufhört, in sich selbst steckenzubleiben. Daraus erklärt sich ein wenig von der ehemals einmütigen Verpönung, von der das menschliche Onanieverfahren noch verdammender betroffen wurde als irgendeine sonstige Kinderwollust – wenn auch durch die Vielfältigkeit ihrer Techniken ziemlich verschmitzt verborgen, jedenfalls nur allzu gern übersehen. Denn man muß schon bis auf die Antike zurückgehen, um auf eine Gesinnung zu stoßen (wie die von Ihnen vermerkte), die den Liebestrieb als solchen feiert und nicht speziell seine Bezogenheit auf sein Liebesobjekt, auf die Treue zum Partner, die Opfer für ihn, alles in allem also zugleich eine ethische Bezugnahme, bis endlich in der Liebesirage sich „Leib" und „Seele" vollends streitend gegenüberstehn. Das äußert sich förmlich erbittert an der Onaniefrage, so daß verschiedenartige Tendenzen darin nicht einmal unterschieden wurden – wie z. B. die physiologisch veranlaßte frühinfantile masturbatorische Reizung, oder Masturbation als unverbindlicher Notbehelf bei realen Versagungen im Lebensschicksal, oder eigentlicher Onanismus als Bevorzugung des masturbatorischen vor dem partnerischen Sexualziel, was pathologische Hintergründe zu haben pflegt. Während wirklich schädigend in allen drei Fällen nur das (allerdings im Unpartnerischen besonders naheliegende) Zuviel ist, bringt moralistische Androhung und Strafe bekanntlich erst die wahre Schädigung zustande durch die dabei geweckten Schuld- und Angstauswirkungen, die folgenschwer bleiben weit über diese aufgebauschte Angelegenheit hinaus. Daß Schuld- und Angstgefühle hierbei so erstaunlich stark reagieren wie bei keiner sonstigen Strafandrohung, weist hin auf ein Wesentlichstes bei diesem infantilen verpönten Tun: auf die es begleitenden Phantasien. Im Kampf zwischen der ursprünglich festgehaltenen „Allmacht der Gedanken" unserer Infantilität und deren Nichtbeachtung durch enttäuschende Realität fällt der Phantasie ein Ausgleich zu, ebenso empfänglich und empfindlich gemacht für das real Strafdrohende wie für das heiß Ertrotzte des Ersehnten. Beides aber vollzieht sich mit jener Gewalt, wie sie nur die Leidenschaftlichkeit der Früherregungen aufbringt, die noch keinerlei dämpfender Auseinandersetzungen mit Praktik und Logik fähig ist. Im kleinen Kinde allein ist noch ein Ineinanderfließen von Wirklichkeit und Phantasie möglich, wie später höchstens der geborene Künstler es wiedererfährt, der aus dieser Quelle für die Traumwirklichkeit seines Werkes schöpft, oder wie sie dem Kranken widerfährt, der darin, ertrinkt.

Ich erinnere mich der alten Diskussion zwischen Ihnen und C. G. Jung, wo es um das Problem ging (vermerkt in der „Infantilneurose"): „Urerlebnis oder Phantasie" bei den ersten Sexualreminiszenzen, und wo sich mir ganz stark aufdrängte: es handle sich nicht um das eine oder das andere, sondern um den Umstand, daß beide einander gemeinsam fördern – ja ermöglichen. Im Kinde allein bleibt dazu noch genügendes Überbleibsel von seiner „autoerotischen Verwechslung" her, von Schwäche der Abgrenzung zwischen real aufgenommen und hineinphantasiert; die Welt, die das Kind als alleinige nächste umsteht, bietet sich diesen doppelten Bezugnahmen so intensiv als raffe es die gesamte Bedeutung des unbekannten Weltganzen noch in sich der geliebteste Elternteil ist so traumüberschüttet, wie später der geliebteste Mensch nur annähernd für uns zum überschwänglichen Inbegriff von Himmel und Erde werden kann – andrerseits aber ist er die Realität selber unverkürzt, auf das Rind zustürzend und es in sich reißend. Erst an den erfahrenen Enttäuschungen klaffen faktisch Innenvorgang und Außengeschehnis allmählich auseinander. Das Liebesobjekt kann gar nicht genug traumgewendet und gar nicht genügend real-bezogen gedacht werden, um sich diese frühe Erfüllung vor den Lebensenttäuschungen, die uns dann so klug machen, zu vergegenwärtigen. Der Ödipuskomplex wird damit irgendwann, in solcher Morgendämmerung des Bewußtseins, erlebt, wird heimlich erfüllte Tatsache,und deren Abgleiten ins durchaus Unerfüllbare – man möchte sagen: aus Nachtheimlichkeit in den Tag – muß zu den gewaltigsten Nachwirkungen der Frühzeit in das ganze spätere Dasein gehören. Der Kontrast von dem gleichsam stumm und nachtdunkel Realisierten und dem Hineingestelltsein vor dies hell von Tagesnüchternheit Beleuchtete muß für das Kind zwischen seinen Eltern oder Pflegern unaussprechlich bestürzend sein; es bleibt drum auch „unaussprechlich", bleibt zweierlei Welt, verschwiegen, bis es dem Kinde, wortlos geblieben, in sänftigende „Verdrängung" entgleitet, und das um so eher, je sorgfältiger auch die Eltern das einst von ihnen selbst Durchgemachte verdrängten als das, „wovon man nicht spricht". Hinter jedem Kinde liegt das Geheimnis einer verhehlten Vergangenheit", uneingestandener als irgendetwas, was man später zu vergessen trachtet oder vor sich selber zu verleugnen sucht. An diesem Ereignis wird die große Probe gemacht auf das Gesundbleiben: hier hängt alles Spätere davon ab, ob man sich die geheimnisvollen Glückserfüllungen, die erstmaligen Liebesaktionen, die entscheidende Umarmung mit dem Dasein, hat gönnen können und ob trotz alledem, an Stelle dieses Allzuvergänglichen, mit der Zeit Übertragungen auf „ich-gerechtere" Anpassungen an Umwelt und Mitmenschen sich ermöglichen oder nicht. Hier entscheidet sich also Krankheit und Gesundheit fürs ganze Leben, das Steckenbleiben im Infantilen statt der Weiterentwicklung in die menschliche Reife oder die am Infantilerlebnis gewonnene Fähigkeit zum Überstehen alles Weitern.

Doch auch wo ein Mensch diesen Gefahren entging, geschieht das Scheitern seiner allmachtsüchtigen Wunscheinstellung nicht, ohne daß sich ein Zug der Resignation, der vernunftgeborenen Ergebung – Ergebung in das Menschentum! – seinem seelischen Antlitz einzeichnet. Ist es doch dies, was ihn den Erkrankten verstehen lehrt, wenn es auch nur eine gleiche Spur, eine verheilte Narbe, keine dauernde Verwundung in ihm selber bedeutet hat. Wenn wir an Kindern, wenigstens ehemals, zu selten was davon bemerkten, so kommt es namentlich davon her, daß die kleinen Kinder so vorwiegend nur körperbegreiflich aber seelisch noch unentdeckt dastehen, man ihre Schmerzen und Urwünsche daher unwillkürlich harmlos nimmt – während der Erwachsene von uns dafür um so leichter ins Dämonische übertrieben wird, obschon die Dämonie, die noch am Werdenden schafft, in ihm schon zur Angleichung ans Praktisch-Logische gelangte: d. h., was er erlebt, schon ein Sekundäres ist. Denn was wir vollbewußt erleben, geschieht schon wie zu Füßen gigantischer Urformationen, zu denen erstmalig die Erdmassen ins Ungeheure vorstürzten, bis ihre Gliederung zu der uns vertrautern Landschaft von Vorbergen und Seen, Wäldern und Wegen werden mag. Nur wer sich im Unwegsamen des Primären verirrte, in den uralten Vergletscherungen des Gebirges, weiß – ohne daß er die Mitteilung davon herabbringen konnte – noch davon. Aber den Charakter und die Art der Belichtung empfängt auch unsere vermenschlichte Landschaft durchaus noch von jenem Gigantenmäßigern, das dem Blick von untenher ins fast Unsichtbare entschwebt, verschwimmend mit dem Unkonsistenten traumähnlicher Wolkenzüge. Auf harmlose Idyllik oder nutzbare Praktik allein ein- gerichtetes Dasein ist eine Selbsttäuschung das Sekundäre, Menschbewußte daran voll durchleben, heißt schon es erleben angesichts von Hochdarüberragendem, das es ganz und gar umfängt.

 Was Sie vom zweimaligen Ansetzen der Sexualität sagen, als von einer Wesenseigentümlichkeit des Menschengeschlechts, gehört für mich auch noch hierher. Das noch sexual Allseitige, wie es von den erogenen Zonen in Partialtrieben sich ausbreitet, ebbt ab mit dem Heranfluten der Genitalität, worein es sich dann sammelt: nur noch als „Vorlust" in ihrem Dienst vonnöten, wie auch seinerseits das Genitalprimat auch bereits in den frühzeitlichen Sensationen anspruchsvoll auftaucht (zwischen diesem sich beggegnenden Ab- und Ansteigen bildet sich in der Mitte wohl der sexuell verhältnismäßig „tote Punkt", den Sie Latenzzeit nannten – eine Art von Raumbelassung für die menschliche Ichentwicklung sowie für die erziehlichen Kultureinflüsse). Aber auch hinterdrein bleibt unsere erotische Menschenart gekennzeichnet nach allen beiden Richtungen, sie beeinflussen einander dauernd, insoweit schon, als wir auch innerhalb unserer

Reife nicht ganz eingeschlechtlich werden können, weil wir von zwei Elternteilen Geborene sind. Am stärksten in die Augen fallend daher im Gebiet der Inversion – der Homoerotik, um Ferenczis Ausdruck zu gebrauchen (an Stelle des nachgerade greulich verpöbelten der Homosexualität). Daß sie nicht den Perversionen beizuzählen sei, den im Infantilen steckengebliebenen Abbiegungen vor dem Sexualziel, betonen Sie energisch, und auch, daß sie ein Naturgegebenes sein kann durch entsprechende Verstärkung der gegengeschlechtlichen Komponenten, leiblich wie seelisch: wie auch daß sie als pathologisch angesehen werden müsse und als unter Umständen heilbar, wo sie sich zwangsneurotisch charakterisiert – als Schwankung zwischen Mannes- und Weibtum mit Überkompensierungen zu ultraaktiv und ultrapassiv. Was ich jedoch auch unter uns nicht immer genügend hervorgehoben finde (neben Betonung der Mängel nach beiden Inversionsrichtungen), ist das nebenbei Positive, das sie auch vor der üblichen Heterosexualität voraushaben. Ich meine in dem, was den Homoerotiker gewissermaßen hindert, den letzten Schritt zu tun, um sich heterosexuell zu vereinheitlichen – in diesem Zaudern vor dem endgültig Gereiftsein –, trägt er noch etwas vom erotischen Grundcharakter mit sich, den sonst nur der frühe Eros hat, aber so gesammelt und bewahrt, wie die einzelnen Frühabläufe der infantilen Sexualität es noch nicht zuwege bringen. Indem er sie beieinander hält, erfahren sie daran eine eigene Art von Reife, die er wieder preisgeben müßte, wenn er zu eingeschlechtlicher „Hälfte" würde. Mir kommt es vor, als würde für das Homoerotische, mindestens hie und da, an den frühen Sexualäußerungen etwas von ihrer infantilsten Materialität gleichsam abgestreift (– etwa nach dem Beispiel, wie laut unserer Auffassung sich aus ihnen künstlerische oder forscherische oder sonstige erotisch-geistige Antriebe „heraussublimieren" können –). Man hat ja oft den besonderen Schwung, schwärmerischen Überschwang, an homoerotischen Menschenbündnissen vermerkt, diese – man möchte es fast nennen Hingerissenheit – nach einem Dritten, Einigenden, gemeinsam Vergötterten, worin beide sich wie in gemeinsamer Mutter erst vollends finden (wenn gerade dieser Zug auch fraglos besonders zwangsneurotisch verdächtig erscheinen kann). Nebstbei bemerkt: nach meinem Dafürhalten kennzeichnet auch dies das eigentliche Wesen der sogenannten Freundschaft, von der mit gewissem Recht bezweifelt wurde, ob sie zwischen verschiedenen Geschlechtern vor dem Alter durchführbar sei: auch sie ist das nur in einem Dritten, woran beide Freunde ihre erotische Ergriffenheit anbringen (gleichviel auf welchem Niveau es kann ebenso eine Sportbesessenheit wie der liebe Gott der einigende Mittler sein). Dadurch gerät am leichtesten in die Freundesbindung überpersonell Leidenschaftliches und dadurch wieder eine einigermaßen entkörpernde Komponente. In verwandter Weise enthält die Homoerotik gleichsam ein über- und entsinnlichtes Element in sich selbst, nicht erst in „sublimierender" Höhenrichtung, also durch Icherziehung, sondern eben elementar; wo nicht diesem Element das entscheidende Moment zukommt, wo personelle Sexualbindung statt dessen die Zweisamkeit heterosexueller Liebe nachahmt, so gut es geht, da begibt sie sich des Vorzugs, den sie vor dieser voraus hat – einer gewissen Außerordentlichkeit des Erlebnisses, das darauf beruht, daß sich darin noch etwas von der unzersplitterten Ganzheit des Infantilem mit um so verstärkteren, vergeistigungsfähigen Ichstrebungen zusammentut. Aber zugleich muß gesagt werden, inwiefern auch eine sonderliche Gefahr darin sich auftut, gerade wo die feinen positiven Vorzüge des „kosmogonischen Eros" am verständnisvollsten verkündet werden: nämlich daß eine Leere mystischer Exaltation kaum umhin kann, ihn taumeln zu machen. Dann ist es, als gehöre er überhaupt keinem natürlichen Sexualverband an, während er doch gerade aus dem infantil-allgerichtetern Wesen seine Hingabe an menschheitliche Entwicklung, seine sachlichere Hingegebenheit, bezieht. Seine große Bedeutsamkeit für alle menschlichste Kultur (was auch immer wieder einmal anerkannt wird) wendet sich damit zu einer kulturverdächtigenden, geistverkennenden Überschwänglichkeit, einer Verwechslung dessen, was infantil schöpferischer Elan darin ist, mit seiner eigenen Menschenreife.

Es wäre interessant zu erwägen, wodurch auch bei der heterosexuellen Liebe in ihrer vollen Machtäußerung eine Triebsublimation unwillkürlich zustande kommt – nämlich infolge ihrer Objektidealisation. Mir scheint, dies geschieht dadurch, daß die eigene gegengeschlechtliche Wesensseite, vom Liebesspiel abgeschoben, sich in eine sehnsüchtig verklärte Ferne, in die Schönheit des Unerreichlichen entrückt und diese schöne Erotik und erotische Schönheit in der Projektion auf den Partner genießt. Womit freilich die Enttäuschung, im realen

Liebeskampf mit dem vorgetäuschten Objekt, unausweichlicher wird als für den Homoerotiker, der über das personell Objektivierte hinaus sozusagen in seinen eigenen Wesensgrund zurückgreift.

Für die Hälfte der Menschheit, nämlich für das Weib, erledigen sich im normalen Fall diese Schwierigkeiten von selbst durch Natur Gnaden. Denn ihm, dem Weibe, wird im Muttertum das geschenkt, was zugleich auch männliches Geschlecht miteinbegreift; als der Zeugenden, Ernährenden, Führenden, Schützenden. Und nur um so ausgeprägter, als das Weibtum gegenüber dem Mann an die Rolle des Passiven, gebunden ist, sowohl biologisch wie auch seelisch, indem nur so das spezifisch weibliche Glück sich erotisch voll entfalten kann – (ach, wie wohltuend ist es, daß auch unter uns endlich diese Einsicht durchbricht – Einsicht in die Glücks- anstatt in die Kesignationsbedingungen des weiblichen Geschlechts). Die männliche Hälfte der Menschheit ist nirgends durch sich selbst herausgehoben aus dem Zwiespalt, mehr als nur Hälfte sein zu wollen; der Mann, der, vollhetero-sexuell, den letzten Schritt tut, den endgültigen Griff ins Fremdgeschlecht als das ihn ergänzende, verdammt sich damit zur männlichen Einseitigkeit, zur Konkurrenz zwischen Hingabe an das Familienhafte und der sachlichen, beruflichen allgemeinmenschlichen Hingebung. Nur er bleibt gebannt in die Gegensätzlichkeit von selbständiger Ichentwicklung und dem ihrer spottenden erotischen Urdrang. Aber freilich nimmt damit auch nur er die ganze Schwere der Paradoxie des Menschentümlichen auf sich; nur er löst, von Fall zu Fall mit vollem Einsatz am Unlösbaren des Problems herum: „Ich-behauptung oder Liebesverlangen". Wahrscheinlich darf nur er lachen zu den vielen Rezepten von heutzutage, worin die Herrichtung der schönsten Ehen und Liebesbündnisse durch Zutaten von schärfstem Salz und Pfeffer allerselbständigster Eigenwahl erklärt werden; er weiß gut, warum einem dabei erst recht der Geschmack daran vergehen kann. Mann und Frau, das Menschenpaar, macht allein die volle Probe auf das Liebeserleben, das allein jedes letzte „Palhos der Distanz" vernichtet, das sich also auf Gedeih und Verdirb der Realität der Partnerschaft preisgibt – wie es auch, zeugend und verantwortlich und etwas tollkühn, das neue Menschlein weitergibt an unser fragwürdiges Dasein.

Wie einer aber nun auch sein oder wählen mag, in den Schwankungen erotischer Schicksale ist die tiefste Unterscheidung nicht erst in irgendwelchen Vermählungsmethoden mit dem Partnerischen gegeben. Zuvor müssen wir uns wiederum weit bis ins Urhafteste zurückgenommen haben, d. h. in die ursprüngliche, noch voraussetzungslose Grundeinheit leiblich-seelischer Äußerungsweisen in uns selbst. Denn nur vom Erotischen geht jederzeit eine Wegspur dahin, oder richtiger; nur im Erotischen bleiben wir letzlich dort jederzeit und strecken nur, gleich den eingangs erwähnten Moneren, Scheinfüßchen aus, deren Außentum deshalb nicht ganz ernst zu nehmen, deren Inneres dafür jedoch auch kein total Außenunterschiedenes zu besagen hat. Lediglich so überwinden sich ja in uns die entgegengesetzt gerichteten Tendenzen des Leib- und des Seelenbezogenen. In allem Sonstigen gelangen wir niemals heraus aus irgend einer Unter- oder

Überlegenheit beider, sei's auch, daß wir uns Leibesgenüsse geistig gestatten, Toleranz dafür erübrigen, oder sei's umgekehrt, daß Sinnenfreude uns als ungehemmte Gier in unserer „Beseelung" bedrängt und beirrt. Lediglich im törichtweisen Überschwang der erotischen Stunde schlägt beides in eine, in dieselbe Glut zusammen, gewährt eine Tiefe des Ausatmens, wie sie unserm Grundwesen nur uranfänglich noch gerecht werden konnte vom Eros aufgerissen bis zum Urboden, stürzen wir uns erlöst aus am Partnerischen und feiern in der Liebesumarmung ein festliches Symbolum dessen, was sich im Bewußtseinsbezirk nur wie in täuschender Außenspiegelung festhalten läßt und wovon wir nur erfahren wie aus einem Traum.

Um deswillen kreist die Leibhaftigkeit überall im Zentrum des Erotischen, von seinen primitivsten bis in seine bewußtseinsdurchtränktesten Sehnsüchten – und auch wer ihm durchaus eine „göttlichere" Basis sucht, muß sich damit abfinden: weil wir jedenfalls nicht umhin könnten, dem Leibhaften und dem Gotthaften überall zugleich entgegenzugehn.

IV

Der „Eros hört nimmer auf": wo seine leidenschaftlichen Überstürze nicht hochwallen, da setzt sich dennoch seine Auswirkung durch in demjenigen, was uns mit allem zusammenhielt im großen Mutterbauch, und nie erfährt der Nabelstrang den allerletzten Schnitt. Hinter aller Eigenentwicklung und Ichabgrenzung, ob von ihr auch noch so zurückgehalten und gedämpft, rührt an uns dauernd die Gesamtbreite der Umwelt. Nur deshalb kann man das überraschende Phänom erleben daß in Fällen, wo ein Liebesbündnis sich auflockert, nicht ganz selten diese abgeschwächte Verbundenheit eine Zunahme an Verständnis für den losgelassenen Partner bewirkt: indem er nicht mehr, in erotischem Überschwang, mißbraucht wird als bloßes Transparent für jede durchschimmernde Herrlichkeit sondern man sachlicher einsichtsvoll seiner Besonderheiten innewird – außerhalb der eigenen Sonderabsichten und Liebesansprüche an ihn. Daraus kann gewissermaßen eine erneute Art von Ehrfurcht sich ergeben, etwas, was ihn willig wieder anheimgibt seinen, von uns unterschiedenen, Welten und Weiten, und ihn damit wohl „zurückstellt", doch zugleich in dem Sinne von anheimstellen einer größeren Heimat als nur der unseres individuell engsten Umkreises. Dieser allgemeiner gerichtete Gefühlsbereich, der die Einzelnen weniger eng und vehement bindet und um so gefahrloser einigt, könnte im Durcheinander unserer Triebansprüche an die Realität fast die Bedeutung einer letzten kleinen – Paradieseswiese gewinnen, wo sogar Lamm und Löwe einander noch ein wenig Platz belassen. Was etwa der gewohnte Phrasenschwulst „allgemeine Menschenliebe" zu titulieren pflegt, dem dürfte auch nur an diesem bescheidenen Ort irgendwelcher greifbarer Sinn zukommen, sollen am bequemen Abstraktum „Menschheit" sich nicht lediglich unsere persönlichsten Gefühlswirrnisse austummeln. Denn dicht benachbart dem genannten friedlichen Wiesengrund wohnt schon unsere vielfordernde Selbstbetonung und nimmt ihn zur eigenen Basis und in alleinigen Besitz: für ihre Verwechslungen und Schein Übertragungen, die nur um so subjektiver selbstversunken bleiben, je erhitzt exaltierter sie sich hinausbegeben.

Gut verdeutlicht sich dies an unsern außermenschlichen Bezogenheiten, seis zu Tier, Pflanze oder gar zu gegenständlichen und landschaftlichen Eindrücken – welche ja schon ganz von selbst unserm Gefühl zu bloßen Sinnbildern werden, um desto störungsloser daneben in unsern Nutz- und Vorurteilszwecken aufzugehn. Auch bei der Pflanzenliebe überwiegt dies bloße „ästhetische" Nebeninteresse unserer Empfindsamkeit, ja sogar die lust- und schmerzfähige Kreatur findet oft gerade bei kühlgearteten Menschen ihren Anhang (– wie ein kleines Mädchen von sich aussagte: –) „bei Tierhebern anstatt Menschenliebern". Denn der menschliche Partner erweist sich als das ungeheuer anspruchsvollere Objekt, bei dem man keineswegs so billig und geizig davonkommt wie bei der Kreatur, die sich mit Brosamen der Liebesnahrung abspeisen läßt und uns dennoch schon dafür in ihre unfaßlich ergänzende und fabelhafte Welt auf- nimmt (was an aller Tierbeziehung das eigentliche große Ereignis ist). Eben dadurch, durch dies ungemischt Wenigere, wird unser Gefühl so rein ergriffen, im annähernden Umriß der Ähnlichkeit von allem mit allem, während die Komplikationen des allzu Menschlichen es aus bloßem Mitfreuen und Mitleiden in zu vieles reißen, was sich über den kleineren Unähnlichkeiten von Mensch zu Mensch erkalten fühlt. Deshalb besagt es also nicht allzuviel, – so ungern man es selber als „Tierlieber" hört, – wenn Schwerverbrecher in ihrer Kerkerzelle von der kargen Brotration die berühmte Ratte noch miternähren – und deshalb besagt sogar das noch nicht viel was Rosa Luxemburg in einem ihrer wundervollen Briefe beschreibt: wie sie ameisenzerfressenen Maikäfern (oder was es war) ein leidenschaftliches Erbarmen weiht. Denn der Maikäfer profitiert hier unmäßig vom reaktiven Haß der Revolutionärin, und der Verdacht liegt nicht sehr fern, daß es sich da um einen recht neurotischen Ausgleichsversuch handle, durch den allerlei dicke Maikäfer sich an ihr rächten.

Aber im allgemeinen stellt die Sachlage sich einfach so dar: daß uns insbesondere an den individuell abgelegenen und außer- menschlichen Bezogenheiten ja allein die nötige Ruhe gelassen wird, sie haßlos auszuleben. Denn wo unsere Individualität mit in die Liebesbindung an eine andere Individualität sich gedrängt sieht, da hat sie sofort den Kampf um ihre Ich-behauptung zu riskieren, und zwar genau so dringend und radikal, als Leidenschaftlichkeit und Ausschließlichkeit ihre Ichbewahrung bedroht. Das Angewiesensein von Haß und Liebe aufeinander, das Sie stets vermerkt haben, ergibt sich schon beim ersten Schritt, den wir aus einem gewissen wohlwollenden Gleichmut – der noch allem und auch uns ohne Übertreibung gilt – heraus tun. Nur ganz uneigentlich nennen wir „Haß", was, seis noch so brutal, roh oder kaltsinnig, auf eigenen Nutzen und Vorteil bedacht ist, doch ohne triebhafte Verstrickung mit dem dabei hindernden Andern selber – also ohne Wollust an seiner Schädigung. Haß, im Triebsinn, überrennt nicht nur, auf rücksichtslosem Weg zum Ziel, das Hindernis unterwegs, sondern verweilt, grausam genießend, bei ihm: erst die Wollustkomponente, dem Ichzweck verlötet, macht den Hasser aus, der jeder Mensch manchmal ist. Wir sind uns gar nicht so leicht bewußt, zu hassen, sind der Meinung, gesteigerte Abneigung habe uns erfaßt, während hinter diesem ichhaft und sachlich Rationalisierten der unheimlichste Abgrund menschlicher Widersprüche aufklafft – wenn auch nur sichtbar wie durch einen schmalen, dunklen Spalt. Gegenständen der Abneigung begegnet man am liebsten, weil am kürzesten, korrekt, sogar höflich; Ungeliebtes grausam zu quälen ist nur – quälend und hält die Ichzwecke auf: das erotisch Anziehende weckt erst die Grausamkeit, der Liebestrieb wird vom Machttrieb eingeschluckt und pervertiert ihn zu einem Wollustmittel. Diese gegenseitige Verkrampfung – die nur im Uranfänglichsten der Infantilität noch, in der Selbstununterschiedenheit, zu Recht besteht, – kann später den echten Grausamen derart wundreiben durch das sensationell Miterlebte seiner Leidzufügungen, daß er umschlägt in Überempfindlichkeit gegenüber allem fremden Leid.

Hier stehen wir an der Stelle der „reaktiven" Eigenschaften, die Sie so wunderbar überzeugend am Menschen aufgriffen als Gegensatz zu den positiv aufgearbeiteten, also „sublimierten". Das Reaktive bleibt dem pathologisch Gefährdeten so unabweislich nahe, weil sein infantil Zurückschlagendes – inmitten schon erreichter Ordnungen der übrigen Entwicklung – erneut die Ich- und Dubezogenheiten durcheinandermengt.

Aber wie sollte es auch nicht bisweilen so kunterbunt zugehen in uns, die wir lebenslang einerseits in uns selber steckenbleiben und andrerseits alles uns mit Außenwelt Umfangende mit einbeziehen müssen, weil es desselben Stoffes ist wie auch wir, und also alle Getrenntheit davon wie auch alle Vereinigung damit sich in ewigem Widerspruch zu durchkreuzen hat. Ist doch diese unlösliche Verbündelung von beidem vom allerersten Lebenstag mit dem Menschenkinde in die Welt gesetzt; von der Vereinzelung, in die seine wunschlose Allhaftigkeit sich hinausgeworfen sieht, bricht der Mensch sehr rasch nach beiden Seiten, „liebend" wie „hassend", in die Übertreibungen dessen aus, was wir fortan seine „Seele" nennen. An dem ersten Schock, der uns mit dem Geborenwerden zustößt, tauchen wir unter in die Angst vor einer Fremdexistenz, die uns selber in Verlust geraten, aus dem Alles ins Nichts fallen, läßt (Freud: „Die Geburtsangst das Vorbild jeder späteren Angst"), wie aus Leben in Tod. Doch gleichzeitig muß ja, mit den ersten veränderten Lebensbewegungen, dieser Heimdrang ins Mutterdunkel auch bereits ein unentrinnbarer Antrieb werden, das so verstümmelte Überbleibsel, das man nur noch ist, zu retten es nicht noch mehr reduzieren zu lassen, so daß Tod und Leben sich ineinander vertauschen. Beides begegnet sich in dem, was Sie die Urkastration tauften, worin sich bereits aus- drückt, daß sich diesem Urereignis ein Am-Leben-bleiben-Wollen entringt, dem unser geburtsreifer Körper ja entgegengedrängt wurde. Beides, Gewinn und Verlust, verschlingen sich darin dermaßen von vornherein, daß von unsern Seelenregungen tatsächlich nichts andres gelten kann als: am Anfang war die Ambivalenz.

Aus dem Unbewußten brechend wächst der Seelenstamm – wie unter der ersten Berührung von Außenluft – so zweigeteilt: beides sekundärer Ausdruck des hinter dem Augenschein in der Tiefe noch Geeinten. Diese innere Tatsache ist es ja, an der A. Adler von uns abirrte; indem er die erotischen Triebe auf den Geltungstrieb aufpfropfte, ihnen ihr Vollrecht bestritt, indem er sie, wie man Blumen von der Wurzel schneidet, von ihrer Wurzel abgetrennt, in lockerer Hand gleichsam, zu allerhand Vasenarrangements verwendete. Ich wurde anfänglich betroffen, als seit kurzem Ihre Auffassung vom Doppelpaar „Liebe und Haß", Hingebung und Aggression, in Einer Linie mindestens, weniger als ehemals von der Adlerschen sich abhob: dadurch, daß Sie als Ausgangspunkt für die aggressive Komponente nicht mehr, wie früher, das selbstbehauptende Sich-Raum-Schaffen nach außen gelten ließen, das erst verinnerlicht zu einer Vergewaltigung wider uns selbst werde – bis allmählich das seelenraffinierteste Kunststück gelingt: die „Wendung gegen die eigene Person". Stattdessen gebührt jetzt bei Ihnen dem Aggressionstrieb ein Grad der Selbständigkeit, der nicht erst der Steigerung durch

Außenbedrängnis bedarf, sondern sich an seiner eigenen Destruktionstendenz in die Höhe treibt. Statt des Einigenden beider Triebrichtungen in der Wurzel, entzieht der destruktionslustige Machttrieb sich jener gemeinsamen letzten Motivierung, die vom noch unterschiedlichen Alles-sein- und Alles-haben-Wollen stammt (und bisher sogar auch die Wendung gegen die eigene Person noch mit plausibel erscheinen ließ an der Irritation, gegen die eigenen lnnengrenzen zu stoßen). Mich macht es stutzig, wie schwer sie doch einleuchtet, diese Selbstherrlichkeit solchen Aggressionstriebes an sich – empirisch und analytisch ist sie kaum zu verfolgen. (Auch erinnere ich mich der Arbeit von Federn, der im Bemühen, ihr so lange nachzugehen, bis der Trieb in nuce erwischt ist, bis ins Psychotische hinunter muß, bis dahin wo die Melancholiepsychose – in ihrer stumpfen Gleichgültigkeit, also lustlos-unmotiviert – sich zwanghaft destruierend gegen sich wie andere verhält: ist es denn aber angängig, aus Psychotischem, das charakterisiert ist durch gerade die vollste Entmischung unserer Triebe, eine Allgemeingültigkeit derartiger Verkrankung und Verkrampfung herauszudeuten, als läge sie, nur verdeckter, auch hinter unserer triebgeeinteren Normalität?)

Allerdings mußte ich dann aus meiner Erinnerung der frühen Jahre unserer psychoanalytischen Bewegung zugeben: daß trotz Ihrer damals viel geringern Betonung eines verselbständigten Zerstörungstriebes gegenüber dem konservieren- den Trieb in uns, wir alle ehemals doch schon stark unter dem niederdrückenden Zugeständnis seiner Macht standen weil, je weiter es gelang, die Menschenseele aufzugraben, desto mehr von ihm zum Vorschein kam. Der Gegensatz von wilder haßvoller Ungebändigtheit zu dem, was Kuhur und Sozialität erstreben, erschien nach rückwärts zu immer krasser – aber wir wußten doch auch, daß nur die „Erbsünde" der Individuation selber es so aussehen macht, daß sie die große darüber ruhende Unschuld nur für unsern Blick unsichtbar macht, weil die Analysierbarkeit des Menschen erst mit ihr anhebt, und daß die beiden Erzfeinde doch geboren sind aus Bruderschaft im Blut. Ist denn nicht übrigens auch dies die Schlichtung der jetzt öfter unter uns aufgegriffenen Diskussion über die Extreme: Verbrecher und Heiliger? (Es gilt wirklich nicht nur, wie Sie erwähnen, vom extrem-nähern russischen Typus.) Der Verbrecher, wenn gemeint als infantil beeinflußter (oder gar fixierter) Triebmensch, hätte sozusagen nur eine verkürzte Strecke zurückzulegen bis dorthin, wo seine Ichhaltung noch gelöst wäre in eine so bewußtseinslabile, daß sie ihm selbst noch gar nicht vollends gälte – eher noch dem, wohin der Heilige sich zurückwirft, „selbstloser" ausstürzt in das ihn Mitumfangende. Sowohl würde damit der „Verbrecher" ein wenig von Scheusalität, Unmenschlichkeit entbürdet, wie der „Heilige" ein wenig aus dem Übermenschen auf plattern Boden gestellt – beides ein wenig nur, denn der Kontrast bleibt groß. Der kultivierte Bürger verharrt in der Mitte dazwischen, seine Kultur selber ist gegen solche Gewaltschritte und heftige Gebarung; mit den vielen kleinern Schritten, die ihn beschwichtigend weiterbringen, gibt er die anfängliche Kraft zum Außerordentlichen aus. Darum die „kriminalistische" Urgewalt bei primitiven Völkern und Kindern; die Getriebenheit der Kindlichern ermöglicht ihre jähen Umwandlungen und Verjüngungen. Was aus noch Unbewußterm mit der ersten Sturzkraft bricht, nachdem es aus unendlichen Rissen und Quellchen und unterirdischen Durchsickerungen an eine bewußtseinnahe Sammelstelle zusammengekommen ist, kann nicht umhin, sich so ungestüm zu gebärden als die neuen Schranken es irgend zulassen; gewaltsam der Uferdämme ledig werdend, vertropft es sich erst spät immer sanfter in irgendeinen breiten Meeresspiegel.

Natürlich haben die beiden Triebrichtungen innerhalb des menschlich Analysierbaren, wie weit man ihnen auch folgen möge, scharf auseinandergehalten zu werden. Aber seit der Souveränität, die Sie dem Destruktionstrieb insbesondere zusprechen, hat sein Gegentrieb mit ziemlich viel von der seinen bezahlen müssen; er bietet nicht mehr den Eindruck wie ehemals, wo beide sich unserm Blick in den Ausgleich des Unbewußten hinein verloren, sondern er muß, um sichtbar zu werden, gewissermaßen auf die Schultern des andern klettern er erscheint dem triebstärkeren Aggressionswillen eher aufgehalst. Es ergibt sich beim Stückchen Mythologie (– auf das wir jederzeit angewiesen sind, sobald wir überhaupt übers empiristisch Vorliegende zusammenfassen und vermuten – diese Illustration: Urzustand und Ziel ist das Anorganische, die Todesruhe all dessen, was unterwegs, im Ablauf der organischen Entwicklung, etwa durch irgendwelchen Notzustand, zu einem Umweg zwischen Tod und Tod, gezwungen wurde, zu einer Scheinlebendigkeit sozusagen, zu einer Art von Totentanz, dem die erotischen Triebe dienen. Damit wird ein vereinheitlichender Stil wiederum erreicht: doch entgegen Ihrem bisherigen, mit vollem Recht betonten, psychologischen Dualismus bleiben die zwei Richtungen – wie mir scheinen will nicht lange genug dualistisch geschieden. Ich will gleich hinzufügen, daß ich gegen die „Todesrichtung" als solche nicht nur nichts habe, sondern im Gegenteil finden muß, auch sie sei darin nicht genügend weit vorgetrieben. Nämlich alles, vom logisch Begrifflichen aus – also auch die Auffrozzelung zum erotisch Scheinlebendigen noch – ist lediglich als „tot", als bloß physikalisch, „materialistisch", mechanisch, zerstückend und zergliedernd, faßbar für unsern Verstand, denn nur so kennt er sich darin aus, d. h. orientiert er sich am Wegweiser seiner eigensten Methode. Alles darüber hinaus, jeder Versuch, dem „Lebendigen", Inkommensurablen, auch ein wenig gerecht zu werden, verunreinigt ja nur diese Methode, ohne irgend etwas zu verlebendigen – es tötet nur erst recht. Wissen wir doch bereits aus der Praxis der Psychoanalyse: wie mechanisierte, zerstückende Aufräumungsarbeit fürs „Lebendig-Verschüttete" dieses wohl allein zu befreien, an ihm selber aber nichts zu tun vermöchte: man kann insoweit nichts Richtigeres tun, als darin ganz und gar Dualist zu bleiben. Aber nun auch andersherum betrachtet: im Erleben dieses Befreiten gibt es keinerlei Todesablauf – nur eine Lebensintensität für uns: durch die Ähnlichkeit mit unsern eigenen Erlebensvorgängen von uns miterfaßt. Wir tun dabei, anthropomorphisierend, nicht mehr von uns hinzu, als wir bei zergliedernder Mechanik von den Eindrücken abtun, um sie in unser Bewußtseinsschema hineinzupressen.

Auch was wir „anorganisch" nennen, will dann nichts anderes besagen, als dies Ende unserer Begleitfähigkeit, also gewissermaßen den Beweis unserer Dummheit andeuten, die dafür ihre begriffliche, große und ertragreiche Klugheit eingetauscht hat. Etwas als tot oder als lebendig erblickt, heißt doch nur: vom Gesichtspunkt des uns Mechanisierten oder des uns Psychisierten her erblickt, und beides kann nicht dualistisch genug seine selbsteigene Linie beibehalten: bis wir, auch auf der des psychischen Eindrucks, an das natürliche Ende unserer Begleitfähigkeit gelangen, ganz so, wie wir es gegenüber dem uns Fremdesten, „Anorganischen" erfahren – und beide Linien mögen wohl für uns Menschen gleich weit auslangen.

Dies andere Ende nennen wir ja unsern Anschluß ans Unbewußte, das weiterträgt als wir „wissen" können; und nur das Eine können wir wissen – weil die psychoanalytische Arbeit am Lebenden es uns verrät – , wie sehr das am grabestiefsten Verdrängte, das am abgestorbensten Verschüttete, das vom Bewußtsein Allerausgeschaltetste, gerade deshalb nicht sterben" und zu wirken nicht aufhören kann, sondern das fast „zeitlos" Konservierte darstellt; eben die „tote" Ruhe hält es fest im „Lebensreservoir", wenn es am Bewußtwerden nicht „verpuffen" (Freud) kann. Äußert es sich uns erkennbar „triebhaft", dann rechnen Verstand und Sinne es dem Leben zu, und sie müssen das folgerichtig auch dann tun, wenn der Inhalt solchen Antriebes noch so destruierend sich ausnimmt. Mag jemandem noch so „sterberig" zumute sein, oder mag sein Haß und Zorn, oder mag seine Hingabe an entirdischt Übersinnliches, noch so sehr dem Daseienden in den Rücken fallen - in jedem Fall zielt das Stück Affekt, das sich darin kundtut, auf lebendige Befriedigung (und zwar auch abseits noch von den halb oder ganz pathologischen Verwechslungen, die so oft zu Glücksnmörderischem – bis Selbstmörderischem – antreiben durch unbewußt vorgetäuschte Wunscherfüllungen). Gewiß nehmen ja Krankheit, Erschöpfung, Müdigkeit, Enttäuschung, Gram höchst „todesfreundliche" Gesichter an bei Anlaß sowohl von physischen Zuständlichkeiten wie von psychischem Verhalten; doch spricht sich damit nicht weniger eine „Lust zu etwas", ein Sichbefriedigen, aus, mindestens des Friedens als Wonnevorstellung; schließlich deckt ja auch noch das Nirwana des Buddhisten lauter Bejahung infolge des Umslandes, alle Verneinungen in sich selbst vollzogen zu haben – worauf überhaupt viel von der freudig gelassenen Todesbereitschaft des Asiaten beruht, verglichen mit europäischer Unsicherheit vor dem Tode, als dem gewaltsamen Mäher. Aber auch am westindischen Menschen verdeutlicht das sich hie und da, wenn man von Verzückungen, Verklärungen in oder vor der Agonie berichtet vielleicht werden sie manchmal zu voreilig von uns bloßen Einflüssen solider Gläubigkeit zugeschrieben. Denn in der Tat wird uns ja das Sterben nicht nur angetan, sondern wir selbst sind es; am vergehenden Körper sind wir die es psychisch Vollziehenden; sind nicht nur Widerstand dagegen Erleidende, sondern Widerspruchslose, sind nicht nur ein Gegenstand des Zusammenbruchs gefestigter Verknüpfungen in uns, sondern auch Wiederhersteller dessen, was nie aufgehört hatte uns mitzuumfangen hinter allem bewußten, davon hinweggerichteten Erleben.

Bezeichnend dafür erschien mir immer, wann und wodurch ein Kind zur ersten Todesfurcht kommt. Am häufigsten bemerkte ich es in der Wendung, die es, noch mit der „Allmacht der Gedanken" spielend, in den Wunsch macht, das Hindernis dabei „fortzutun", zerstört, vernichtet zu wissen. Da ist es, als habe es sich nun erst selber als sterblich in die Welt gesetzt, seitdem es den Tod überhaupt zuließ, einließ. Von da aus kommt ihm des Todes Grauenhaftes und kann gar nicht stark genug vorgestellt werden vom Bewußtsein. Mit der ausreifenden Persönlichkeit tritt dies drohende mystische Gerippe nicht nur als fleischern bekleideteres zurück ins Übrige, – es löst sich einfach darin auf als Ausdruck desselbigen Lebens; ja dies kann sogar zunehmen im Maße von Körperschwäche, als ob, wo sie für volle Bewußtseinsschärfe nicht
mehr auslange, sie sich unabgeblendeter im Allheimatdunkel orientiere (– wenn nicht unerledigt gebliebene Verdrängungen, die deshalb ins Bewußtsein zurückdrängen, sie irrlichtergleich schrecken – etwa wie die fromme Mutter Dürers, von deren Sterbelager er klagt, daß grausame Schrecknisse die Gute, Edle plagten).

Je nachdem wir gerade der einen oder der andern Erlebnisresonnanz seelisch zugeneigter sind, hallt das Echo als „Tod oder als „Leben" an sie an je nachdem benutzen wir die Wörter, die Benennungen, vorwiegend im negativen Sinn der begrifflichen Außenbetrachtung oder des Innenereignisses. (Darum konnte es ja auch nur geschehen, daß Ihre

Aufstellung der Todes- und Lebenstriebe von zwei so Gleichdenkenden wie S. Ferenczi und A. Stärcke fast gleichzeitig die umgekehrte Benamsung erfuhren, wobei das Leben als Tod, der Tod als Leben zu fungieren hatte: wobei das Ichlösende, Bewußtseinslöschende des Eros tödlicher Tendenz diente, die ichgerichtete, machtgierige Sonderung der einzelnen voneinander der Durchsetzung des Lebens diente.) Es bleibt eben notwendigerweise unverbindlich, wie man Namen setzt, die, über ein gegeben Zuständliches hinaus, auf dessen Gesamtbedeutung für uns hinzuweisen haben; wir bleiben, auch sogar als Antiphilosophen, eben zur Philosophie geboren – d. h. zur Nötigung, begrifflich Betrachtetes und Innererlebtes zu bildhaftem Ausgleich zu bringen, der Denken und Fühlen ineinanderdrängt. ich erinnere mich aus Abenden des Winters von 1912 an Gespräche (die ein kleines rotledernes Büchlein treu festhält), wo Sie und ich – so lange, lange vor Ihren heutigen Formulierungen – über dasselbe Thema uns verbreiteten; wo wir uns gegenseitig zugestanden, daß auch bei gleicher begrifflicher Einstellung die Dinge (nicht minder als wie in der Kunst etwa) verblieben *vu à travers un tempérament*. Damals aber schon warfen Gegner und Halbgegner der Psychoanalyse vor, sie mache sich gleichsam zum „Anwalt des Todes", sie schaffe eine Art neurotischer Situation, die sie doch gerade zu heilen vorgäbe – nämlich im Nichtgerechtwerden den glaubenden, hoffenden Voraussetzungen, die das Leben erst zum Leben machten. Dies Mißverständnis hat sich nun wohl endlich geklärt. Dafür kam ein anderes zur Abwechslung auf: auf Grund Ihrer späteren Schriften – trotzdem Sie ja doch das gleiche wie früher vertreten – nämlich eine trübe Aussicht auf Kulturierung des Triebmenschen, indem er, gleichsam bei lebendigem Leibe, sich abtöten muß, um das Triebchaos zu lichten und dem „Primat des Intellekts" folgen zu lernen. Ein großes Bravo nämlich kam auf, aus dem Munde all derer, die Ihnen Ihre Triebenthüllungen übel genommen hatten: der Mensch erwies sich als das, von Bestimmung her, zur „Askese geleitete Tier", und alles „Höhere im Menschen" erschien damit endlich bei Ihnen anerkannt und gerettet.

In einer Ihrer letzten Schriften ist erwähnt, anfänglich hätten Sie nur zum vorläufigen Versuch, sozusagen probeweise, die Souveränität der Todestriebe betont, allmählich sei es Ihnen unmöglich geworden, anders darüber zu denken. Nun ist es wichtig, zu überlegen, warum das wohl so kam: oder richtiger – mir ist das sehr wichtig geworden. Denn ich sehe darin ganz was anderes, ja fast das Gegenteil von dem darin wirksam, was die Leute sahen, die ehemals drauf schalten und die jetzt Bravo drauf rufen. Und zwar gerade weil ich das *vu à travèrs un tempérament,* das unwillkürlich Philosophische, als ein höchst Persönliches herausfühle. Das, wodurch Sie sich zur Partei des Todes zu schlagen scheinen, ist mir keine Todesfreundlichkeit, weder des Alters noch irgend einer müden Lebenshaltung, es ist vielmehr, wie früher, die Resolutheit Ihrer Parteinahme für alle lebendige Wirklichkeit; es ist dies, daß nichts Sie so abstößt wie optimistische Schönfärbung der „Wirklichkeit, ihre Fälschung durch wahnhafte Wünschbarkeiten, als sei sie nur dann unseres Erlebens wert. Nur wo wir sie selber uns vor Augen halten, ohne Vortäuschungen und Vorspiegelungen, findet Wirklichkeit sich mit uns zusammen zu mehr als einem bloßen Scheinerlebnis: zu einer Erfahrung, an der ihre und unsere letzte Urgemeinsamkeit sich durchwirken mag – wie unzugänglich dies auch der begrifflichen Gegenüberstellung von real und subjektiv bleibe. Von mir aus kenne ich die Gefahr, daß subjektive Lebensfreudigkeit sich unwillkürlich selber hineinporträtiere in das Gegenüber der faktischen Ergebnisse; von mir aus schrieb oder sagte ich Ihnen daher auch schon: nichts gefällt mir besser, als an Ihrer führenden Leine laufen – nur eine richtig lange Leine muß es sein – , so daß, sobald ich mich irgendwo zu weitab verkraxele, Sie sie nur aufzuwickeln brauchen, damit ich dicht bei Ihnen auf demselben Boden stehe. Denn „bei Ihnen" heißt für mich dort, wo ich Sie immer aller Tiefe nahe weiß: beim Nächstliegenden.

V

Wie ganz es darauf ankommt, sich aufs real Gegebene, tatsächlich Vorliegende zu beschränken, davon überzeugte mich nicht nur die Vorbildlichkeit Ihrer Arbeitsweise, sondern, von Schritt zu Schritt, die psychoanalytische Praxis während der eigenen Arbeit. Denn zu meinen stärksten Eindrücken – die nie veralten, immer neu aufleben, – gehört da, daß es jedesmal ist, als entdecke man die gesamte Psychoanalyse noch einmal, als würde sie nun erst Ereignis, unmittelbar erlebt an dem, was subjektive Zutaten von uns aus nur schmälern könnten. Der Kern des Erfahrbaren am Menschen legt sich frei am treuen, zurückhaltenden Hinwegarbeiten seiner Verschalungen, setzt dagegen erneut dünne Schale von außen an – fremde, verundeutlichende, – bei geringstem Außerachtlassen der Methodik und Technik, die sich bei solchem Hilfstun bescheidet, ohne überhebliches Hinzutun von sich aus. Man begreift das, wenn man bedenkt, woran jemand erkrankte: an der Gewalttätigkeit jener Überschalungen, die ihm die Macht der Erwachsenen und der Lebenseindrücke vorzeitig (als allzu guten Selbstschutz) wachsen ließ, und die sein Inwendigstes damit hilflos in sich selber zurückscheuchen mochte. Definition des Gesundbleibens könnte nicht besser umschrieben werden als im: „Natur ist weder Kern noch Schale", oder „was ist innen, was ist außen" – nur daß Vollkommenheit des Intaktbleibens lediglich in theoretischen Konstruktionen existiert, und wir wahrlich nicht erst als Neurotiker herumlaufen müssen, um zwischen Verschalung und Entkernung zu geraten, zwischen die Gefahr der Absperrung von außen oder des Hinausfallens ins Leere. Ja, man kann sich nur schwer vorstellen, wie Triebgeschöpfe, zur Bewußtheit begnadet oder verurteilt (– wie man's nennen will! –) sich anders benehmen sollten in den ihnen zustoßenden Abenteuern. Denn für jedermann muß ja, je länger, je mehr, die urinfantile Erwartung, die sich noch mit dem Inbegriff des Universums selber verwechselte, enttäuscht werden, also in Versuchung kommen, entweder das erwartungsvoll Maßlose sich zu verhehlen und zu verdrängen, oder aber sich ihm anstatt der umgebenden Realität, *à fond perdu*, preiszugeben.

Alle und jede Neurose enthält dieses Stück Selbstbetrug, dieses allzu früh-gelungene Kunststück gefälschter Orientierung, die verlorene Ökonomie des geraden, kürzesten Weges, die befolgte Einladung zu scheinbar sicherern Umwegen, die immer weiter abführen. Alle und jede Neurose täuscht das begehrte Sichvertragen von Innen- und Umwelt vor, indem wechselseitig das eine dem andern scheinbar Platz läßt – Platz macht: sei es, daß Innenvorgänge eine Konsistenz bekommen, wie wenn die gesamte Realität sichin ihnen plaziere, und dafür alles Außen sich in ein gespensterndes Nichts auflöst sei's, daß an der Überlegenheit der Außenvorgänge und deren Forderungen die eigene Wesenheit sich Ängsten und Zweifeln hilflos überantwortet sieht. Wer denkt da nicht Ihrer tiefgründigen Klarlegung des „Unheimlichen": als dessen, was Verdrängungen des uns Urvertrautesten, ursprünglich Intimsten entsteigt, und deshalb, ein erschreckend wirkender revenant aus eingesargter Vergangenheit, gespenstisch verbergen muß, daß unsere preisgegebenen ältesten Wonnen und Erwartungen hinter ihm geistern. Unheimlichkeit ist es, die sich dem Neurotiker über alles Erleben breitet, bis sich dieser Platzwechsel in einem Taumeln und Irregehen ausdrückt worin sich das „was ist innen, was ist außen" in seinen Widersinn umgedreht hat. Denn in die Schmälerungen an „gesunder Realerfahrung", in die Risse und Lücken, die in sie einreißen, drängen sich sofort die gespenstischen Lückenbüßer, indem sie bald Oberfläche vorspiegeln, wo abgründiges Nichts lauert, bald das letzte Wegweisende verdächtig machen, als sei es eben dies, was Bodenlosem entgegenführe.

Unsere beiden großen Neurosenarten – noch kenntlich und unterschieden in sämtlichen seelischen Erkrankungen, – Hysterie und Zwangsneurose, – teilen sich brüderlich in die Doppel-Unheimlichkeit auf, die schon Gesunde vorübergehend anfallen kann und den Kranken so umstellt, daß er nicht mehr weiß, ob sie nicht seine Existenz selber sei. Bei der Hysterieanlage schien mir immer wieder, als schließe sie sich mit verblüffender Unmittelbarkeit an die Wunschzuversicht der Urerwartungen (d. h. an deren noch ungebrochen natürliche Stärke), so als hätten sie sich erfüllt und es gelte nur, dies als ein *fait accompli* der leugnenden Realität entgegenzuhalten (wie ja auch die hysterische Symptomatik das positiv Wunscherfüllte darstellt, wenn auch notgedrungen durch Umkehrung ins Negative, Abzuwehrende). Deshalb ist Hysterie wie eine Art ertrotzter Wirklichkeit, behauptet durch beständige Wiederholung bei jedem Anlaß, als enthielte jeder immer wieder in sich den Beweis des Vollzogenen – und zugleich wird diese innere Behauptung ermöglicht durch Ignorierung der Realität, durch so totale Absperrung von realen Vollzügen, als existierten sie gar nicht; weshalb solche, unter größter Angstentbindung, allein als Tod und Grauen, als gar nicht dem Leben zugehörig, wahrgenommen werden können. Deshalb das scheinbare Fehlen von Schuldgefühlen, die sich oft erst dem schon Genesenden erinnernd entblößen (wo ihnen bereits mehr interessantes als bedrückendes Material innewohnt). Deshalb so oft die unbekümmerte Vorliebe für Kriminelle, denen es gelang, für Räuber und Diebe, die Erfolg hatten, sowie überhaupt die schwärmenden Idealisierungen, die selbst Unvereinbarstes sich nicht entgehen lassen, und so auch Männliches und Weibliches, oder ätherisch und kraß-sexuell Empfundenes mühelos ineinander koppeln. Der hysterische Ausbruch bemächtigt sich deshalb um so totaler der Leiblichkeit, als an diesem, allein ihm verbleibenden Realstück, er einzig über seinen Illusionismus sich täuschen kann, und zwar speziell an dessen körperlicher Reife – für die darum die Inanspruchnahme infantiler Sexualverwendungen nur Notersätze bleiben, insofern der Hysteriker ins Partnerische draußen nicht mehr weiterkommt. Von daher ja auch die Nachbarschaft von Angst- und Konversionshysterie: die Übertragbarkeit der Angsterregungen, des Eingeklemmtseins in sich selbst, auf Körpervorgänge, so daß etwa Lähmungen, Schmerzen, Krämpfen usw. stellvertretend die ganze verfahrene Angelegenheit überlassen wird – zu einer seelisch- unwissentlichen gemacht wird. Begreiflich, daß gern in lauten Abfuhren, leibhaften Äußerungsweisen, auch Angsthysterie noch aus dem Menschen fährt: – in jener „Katharsis", die Sie ehemals als unumgänglich betonten, und die ich in zwei Fällen, mit fast psychotisch lärmenden Triebdurchbrüchen, sich einstellen sah. Dies akut überzeugende am entscheidenden „Genesungsschub", wie man fast sagen möchte, zeigt noch so ganz das Vollgültige, Unverkürzte hysterischer Illusionsstärke auf, wie der Ausgangspunkt des Erkrankens selber, so daß man zu spüren meint, wie dicht Erkrankung angrenzt an die, dem konfliktreichen Menschentum mitgegebene naturkräftige Lebenszuversicht. Dicht beieinander angesiedelt, Ausdruck des Normalen und Ausdruck des Pathologischen, stürzen sie ineinander ohne weiteres über, wo Neurose Jemanden umwarf – oder, wo dies nur zeitweilig ihr gelang, weichen sie auch wieder einander aus in unterschiedenen Richtungen.

Was wir Zwangsneurose nennen, auch wo sie nur erst sporadisch aufzutreten beginnt, läßt sich demnach viel weniger akut aufgehoben denken, weil weniger dem Urnormalen oder sagen wir: dem Kreatürlichen, dem nur gerade bewußt gewordenen Menschentum, einverleibt. Der Mensch ist in ihr gleichsam um ein Stück weiter, ist aber daher auch in der Neurose um ein Stück schlimmer, vorgerückt – trotzdem er der Hysterie schlimmsten Vollzug: die Tiefe der Verdrängung bis in die uranfängliche Ununterschiedlichkeit von real und illusionshaft, halluzinationshafl, nicht mitmacht. Diese geringere Verdrängungstiefe, die zwar Auseinandersetzungen mit der jeweiligen Realität

Raum läßt, hat das Übel, das Unheil, daß diese weder nach der einen noch nach der andern Seite voll überzeugen können. Der Wunschcharakter der Triebe verbleibt trotz der Anpassung an die Macht und Autorität der Außenforderungen, aber er verbleibt nicht unverdächtigt; zwischen der empfundenen Unterordnung und ihrer triebgewünschten Abwehr bleibt ein Gegensatz bestehen, der sich in jedem Augenblick neu ausgleichen müßte, um das zu gewährleisten, was dem normalen Menschen dieser Wesensart einen hohen Vorzug vor dem kreatürlich Einheitlichern einbrächte. Die Gefahr, auch innerhalb der Normalität, ist eine Schwankung, ein Pendeln von Selbstüberschätzungstendenzen zu Minderwertigkeitsbefürchtungen, von aktiv zu passiv – wie es ja, den bedrohlichen Lebens Wirklichkeiten gegenüber, für unser Triebverlangen nur zu natürlich ist: aber auch zugleich etwas ist, was im Gesundesten dafür zu einem Reiz, einer Reibung gegen- seitiger prachtvoller Förderung werden kann. Beinahe beantwortet sich dies mit der Frage, inwieweit Schuldgefühle ausgeschlossen werden konnten, scheint mir. Der Hysteriker entschlägt sich ihrer ja durch seine Absperrung von aller Wirklichkeitserinnerung: im andersgearteten gleichsam weitergediehenen Menschentypus aber sind sie ja wurzelhaft infolge der bloßen Grundtatsache schon, daß, mit unserer Bewußtwerdung der das reale Weltgegenüber aufgeht, unsere Triebwünsche eo ipso ins Unrecht gesetzt sind. Wir suchen sie nun zurückzudrängen und zu beschwichtigen, wodurch sie aber nur zu unentfalteterm, um so heimlicherm Dasein gelangen, oder aber wir entschlagen uns ihrer zu um so abstinenterm Gehorsam, wodurch unsere empörte Aggressionslust dawider akut aufbegehrt und uns vollends mit unserer Triebmenschlichkeit entzweit. Da bleibt nur das Kompromiß eines „sowohl als auch", um sich dem vollen Eingeständnis der Schwierigkeiten und Entscheidungen zu entziehn; auch wo es noch kein Kompromiß im neurotischen Sinn zu sein braucht, nämlich noch keins, das an Stelle realitätsbewußter Entscheidung eine vermittelnde Konstruktion setzt, ein Zwischending, das, ohne Ansehen der wechselnden Realfälle, sich selbst zu ewiger Wiederholung bringt. „Schon krank" oder „noch gesund" ergibt sich hieraus, trotz der fließenden Linie der Übergänge; es ergibt sich an dem Punkt, von dem aus die Zwangsneurose ihren Namen bezogen hat: wo zum Schiedsrichter inmitten der beiden Schwankungen eine Zwangsvermittlung konstruiert wurde. Das Zustandekommen dieses Mechanismus erklärt sich mir daraus, daß der krankhafte Zweifel ja selber bereits ein zwangsmäßiger war; genau das Gegenteil des vernünftigen, sachlich gerichteten Überlegens vor einem Entschluß – und deshalb sich mehr und mehr zuspitzend zur Zwangsidee. Man kennt im Kleinen schon an Kindern eine Art des Aberglaubens, wonach zweifelhafte Fälle am liebsten durch den Zufall, durch wahrsagende Anzeichen, Wahl der Pflastersteine beim Gehen, Zahlenbestimmungen, Rechts oder Links usw., entschieden werden; von da weiter gelangen abergläubisch gebliebene Erwachsene zu Zwangs-Vorstellungen einer überirdischen Hilfe. Das Überirdische ist hier das krankhaft Wesentliche daran, denn eben weder aus der Realität noch aus der eigenen Entschlußkraft kann dem

Zweifel Hilfe kommen, weder vom Außenbezug noch vom Innenbezug, sondern von nirgendwoher, d. h. oberhalb von beiden her, jenseits des Menschenmöglichen. Ein solches Herausreißen aus der Zweifellage kann natürlich selber nur Zwangshaft toter, sinnlos-übersinnlicher Weise vor sich gehen, gleichsam unerfahrbar, unerlebbar: deshalb die bekannten, festgelegten Zeremonielle, die bis ins Geringste unabgeändert wiederholt werden müssen, eigentlich gar nicht überschreitbar sind – was dann ausgedrückt würde durch katastrophale Vernichtung der gesamten Welt sowie des Übeltäters und alles ihm Heiligsten; denn schon steht ja nicht nur Verbotenes auf dem Spiel, sondern ein Zwang als Glaubenszwang.

Das Übereinstimmen von Zwangsneurose und Religion haben Sie, zum lebhaften Mißfallen der Menschen, im Einzelnen erörtert, bereits bevor Sie noch in „Totem und Tabu" dem Glaubenszeremonial und den „magischen" Gebräuchen im Verhalten primitiver Völker nachgingen. Bezüglich der Hysterie war man schon gewohnter, ihren Exaltationen allerhand Ähnlichkeit mit religiös veranlaßten Zuständen einzuräumen. In der Tat nimmt das meiste von dem, was man Religion zu nennen pflegt, in ungeheurer Breite und Tiefe den Mittelplatz zwischen Krankheit und menschlicher Normalität ein: nur da dürfte sie auf ihrem eigenen Boden untersuchbar werden, weil nur da sich erkennen läßt, wie normal uns zunächst eingeboren sei, was sich religiös ins Krankhafte verwachsen mag, und wie andererseits es auch dann noch von unserer menschlichen Normalität mitenthäh – und eben deshalb im Prinzip heilbar bleibt. Religiös bringen es Enttäuschungen – d. h. mit vergeblicher Wunschkraft nach Erfüllungen strebende Triebe in uns – unter Umständen fertig, ohne die gefährlichen Privatanstrengungen zu einer Neurose, sich durch bloßes Für-wahr-Halten des Ersehntesten zu helfen: falls diese Scheinwahrheit nämlich genügend allgemeingültig geglaubt ist, und dies wiederum genügend garantiert ist durch ihr Hinabreichen bis in Vorzeiten, wo eine lockerere Unterscheidung von Innen- und Außen-Wahrgenommenem noch allgemeiner sein konnte. Mir scheint es zweifellos, daß so manche Neurose dank solcher günstigen Wendung unterbleibt, wie uns ja auch aufging (in den von „Totem und Tabu" veranlaßten, von G. Roheim u. a. geförderten Studien), daß uns heute nur als krankhaft bekannte Zustände einstmals Ausdruck normaler Allgemeinverfassungen waren. So entlastet sicher nicht selten die Schar von Mitgläubigen den heutigen neurotisch Disponierten von der drohenden pathologischen Isolierung, in die ihn sein privates Wahnschaffen werfen würde; die wahnhaft korrigierte und verschönte Welt existiert ihm damit wirklich, ohne daß er sich dazu in eine Enge zurück ziehen müßte, um gewaltsam einbrechender Realität zu entgehen; er befindet sich statt dessen sozusagen in einem unter Sanktion gestellten Naturschutzpark, wo die Raubtiere sich noch freundlich geben müssen – wie nahe diese beschützte Domäne auch, hie und da, hegen mag der unheimlichsten Wildnis. Man möchte insofern Propaganda machen für Gläubigkeit, wenn die Kehrseite davon nicht um so bedenklicher stimmte. Denn nämlich genau wie verdrängerisches Verfahren zwecks rosiger Übermalung realer Schrecknisse sich rächt durch verwirrende Unheimlichkeiten, so rächt sich dies – und sei's auch noch so allerseits mitbeglaubigte – fälschende Verfahren am Rest der nichteinbezogenen Realität: was an ihr von sich aus lebenswert und liebenswürdig hätte sein können, wird entfärbt. Mit jeder Verleumdung des Irdischen wird Teuflisches geboren, jedes himmlische Licht wirft höllische Schlagschatten, weil, ohne dies, das Göttliche nicht überzeugend abstäche, zu einem schattenlosen Gott-Schlemihl würde, die Unnatur des Geglaubten verriete. Immer ist ja Satanisieren und Vergöttlichen aufeinander angewiesen; reich werden Gottheiten durch die freiwillige menschliche Verarmung, und erst das göttliche Almosen macht diese Verarmung total, fälscht sie zu einer sozusagen naturgesetzlichen. Es gibt keine Seligkeitsanwartschaft ohne diese latente Tragödie und keine Auferstehungen im Glauben ohne die Kreuzesstunde dahinter.

Der Sachverhalt gibt sich allerdings etwas verschieden, je nachdem man diejenigen menschlichen Dispositionen dabei im Auge hat, die mehr zum hysterischen oder zum zwangsneurotischen Habitus neigen. Ja, für Einen wendet sich da gar nichts ins Tragische: für den, der etwa den Glaubensanschluß nur gefunden hat, weil er, durch den jeweiligen Standpunkt der Zeit oder der Erziehungseinflüsse, ihm nahegelegt war, und es einfach seinem Optimismus entsprach, von vornherein die angenehmsten Wahrheiten am liebsten für-wahr-zu-halten. Es entspricht ihm daher auch oft, sich in diesem bequemen Sessel zur Ruhe zu setzen, und aus derartig „Sitzengebliebenen" besteht vielleicht die ziffernmäßig größte Gemeinde der Gläubigen in der ganzen Welt, denn bei jedem Notstand werden sie sich ihrer Zugehörigkeit sehr bewußt und steigern sich gern und leicht in beträchtliche Gefühlshöhe von Natur aus, auch ohne irgendwelcher Hysterie verdächtig zu sein. Der Untergrund bleibt ein somit banaler: eine Art von ungewolltem Mißbrauch beim Gebrauch dessen, was andere durch ihre Glaubenskraft so allgemeingültig befestigt und handlich gemacht haben. Von diesem Warenhausgang, bei dem man nicht allzu teuer ein Schlummerkissen oder eine Krücke erwirbt – von dieser fröhlichen Banalität mit immer noch roten Backen der Gesundheit, entfernt sich die andere Art der Glaubensseligkeit sehr weit. Denn der gehören die an, die wohl vorwiegend die Schaffenden in der für-wahr-haltenden Gemeinschaft waren. Der Gott und sein Wohltun und Helfen entsteht erst durch die Inbrunst, womit er erhöht, geschmückt, verherrlicht wird, so wie etwa ein unscheinbarer Ikon von Blech oder Messing erst stattlich wird durch sein goldenes Kleidchen oder die Juwelen, die ihm angetan werden. Wer so seines Schöpfers Schöpfer wird, so seine seelische Produktionskraft daran entbindet, empfängt durch seinen Glauben Wesentlicheres, als alle praktische Gebetserhörung gewähren könnte: der Zwiespalt in ihm – das Andrängen der Triebe, der asketische Ehrgeiz ihrer Herr zu werden – wird schaffend geschlossen, und zwar im Produktivvorgang selber, im Umstand selbst, daß ein solcher sich einigend ermöglichte. Streng genommen gehören nur Menschen solcher Art in die religiöse Welt. Nur von ihnen läßt sich nicht schlankweg sagen: unsere Wünsche machen sich halt ihren Gott zurecht, wie sie ihn haben wollen: ist hier doch ganz und gar das Wesentliche die Tiefe einer Unbewußtheit, welche gleichsam erst durch den Eindruck vom Gott aus, den Menschen sich selber ermöglicht. Sich selber erschlossen wird er erst in dieser Rückwirkung der Göttlichkeit auf ihn; der menschentümlich gegebene Zwiespalt von kreatürlicher Sicherheit und weiterschreitendem Drang ins immer Bewußtere erlebt in solchen Seelen seine Bewältigung in einem unbewußten Akt, der den Menschen gerade kraft seiner Schöpfergaben zum Empfänger macht.

Aber damit ist nur erst die eine Hälfte davon ausgesagt. Etwas Erschütterndes ist noch dabei, indem nämlich diese allein unmißbrauchte, absolut vollzogene Gläubigkeit nur eignet dem Menschen des Zweifels. Das will besagen: was ihn so glaubend seinem Eigenschöpferischen unterwirft als einem unbewußt Erzeugten, das muß ein wenig künstlich der Bewußtseinsnähe entzogen bleiben, trotzdem es für sie Wort und Form fand gleich den bewußt kritisierten Objekten; sonst würde – anstatt etwa der Beseligung des Künstlers an Werk und Werkschaffen – die grausame Ahnung vom wahren Sachverhalt überhandnehmen. Kann doch im Umkreis sämtlicher Vorstellungen nichts anderes als Irdisches zum Bilde dienen kann der Gott sich doch nur vorstellen als eine Art Riesennachbar von phantastisch oder real Vorhandenem, ein gigantekses Nocheinmal, auch in der Seele empfangen nur hindurch durch ihre menschlichsten Zuständlichkeiten; alles, was man Gott zuschreibt, ist ja nochmals irdisch da: wie die Hostie aus einer Bäckerei, der Abendmahlswein aus dem Weinberg gekeltert, die Offenbarung als höhnisches Teufelsspiel: so daß man das wie eine Kränkung an dem Gott spüren kann, ob man ihn nicht mit etwas Irdischem, Menschenhaftem verwechsle, vertausche. Alle sonstigen Zweifel, wie sie in der gemischten Gesellschaft der sogenannten Religiösen aufkommen mögen, sogar auch noch die gutbürgerlich besorgte Seelenangst um das Heil, nehmen sich klein und belanglos aus neben der Grandiosität dieses Einen, des Zweifels von ganz großem Stil: dem Argwohn, Gott ausgetauscht, ihn kränkend ans Irdische preisgegeben, seinen Widersacher statt seiner umfangen zu haben. Denn dieser Zweifel ist der Glaube selbst; Glaube ist nur, was diesen Zweifel zart umhüllt: nämlich ein Inne-werden dessen, daß es einen Augenblick, wo der Gott angerufen werden müßte – sich vorstellen müßte wie ein Mensch dem andern, – vorhanden werden müßte wie irgendein nicht allgegenwärtiges Ding, – daß es einen solchen Fall und Augenblick gar nicht geben dürfe. Ein Inne-werden ist es, daß Gottesdienst schon ein Name sei für ein Loch, für eine Lücke im Frommsein, worin schon Verlust und Entbehrung wohnt, ein Gottbenötigen, weil Nichtbesitzen, während, letztlich ausgedrückt, Gott als Gott nur da sein könnte, wo man ihn nicht „braucht", – daß aber, was ihn gebrauchen wollte, nicht mehr „Gott" wäre, sondern etwas, worauf man mit dem Finger zeigt, um es irgendwie zu einer irdisch verwechselbaren Sichtbarkeit zu drängen.

So käme Religion in ihrer Eigenschaft als Lebenserleichterung und Wahntröstung, sobald ganz Ernst mit ihr gemacht wird, zu einem ungeheuersten Anspruch an Menschen, einem Anspruch, der mit jeder Gabe, mit der er den Gott beschenkt, nur noch zunehmen müßte, und allenfalls insofern nur die Lebensnöte darüber vergessen ließe.

Für den also Frommen, Offenbarungsbereiten, näht Gott ständig an seiner eigenen Tarnkappe; um unverraten, verhüllt, zu verharren und nur eben dadurch seiend. Was sich da abspielen mag, ist das tiefste Erlebnis vielleicht auf dem Urgründe, am Abgrunde, der Menschenseele, aber immer noch am Rande der Gesundheit: der Glaube als Zweifelsnähe, der Besitz als Abschiedsnähe, und damit das Wahnhafte unbewußt zugleich überwunden. Niemals könnte dergleichen verharmlost werden durch aufklärerische Helle, der „Wahn" durch „Wahrheit" im begriftlichen Sinn. Was da vor sich geht, ist so sehr Ergebnis des Unbanalsten in uns Menschen, daß wir heim Anblick davon unwillkürlich schweigend zulassen würden die Behauptung eines alten Kirchenvaters:

Nemo contra Deum nisi Deus ipse.

VI

Trotzdem für mich das Problem „der fromme Mensch" zu meinen ältesten, beinahe lebenslänglichen Interessen gehört, für Sie hingegen fast zu etwas, was Sie nicht ohne Mißbilligung zu betrachten pflegen, sind wir doch darüber – forscherisch angesehen – völlig einig (wie Sie erst kürzlich mal schrieben, „einig wie in alter Zeit"). Aber ich meine doch manchmal Ihr argwöhnisches Bedenken zu vernehmen; geht die Übereinstimmung nicht vorwiegend nur auf die „Religion des gemeinen Mannes", auf die, mit der Ihre Schrift: „Die Zukunft einer Illusion" so radikal wie möglich aufräumt? Wurden doch in unserm eigenen Lager Stimmen laut, die davor warnten, nicht so weit zu gehen, d. h. grobe Wunschprojektionen ins Göttliche nicht in eins zu setzen mit dessen „Vergeistigungen" – ach nein – : sogar Verwissenschaftlichungen, mit philosophischen und ethischen Verklärungen religiöser Inhalte. Von mir wissen Sie ja aber gut, daß mir kaum etwas stärker widersteht, als den lieben Gott aus seiner gewohnt gewordenen Haustracht in eine salonfähigere zu stecken, worin er auch noch den Prominenten vorgestellt werden könnte. Es ist ein so törichtes Beginnen, weil nichts Frommes uns von Gnaden unserer aufgeklärtesten Ansichten kommt, sondern allemal nur von der Gewalt unserer infantilsten; weil der roheste Fetisch seinen Platz in hohen Ehren behauptet neben der ganzen Esoterik religionsgeschichtlicher Entwicklung (oder Verwicklung), die, indem sie den Gott immer raffinierter unsern immer zweckhafter angepaßten Begrifflichkeiten einreiht, um so hoffnungsloser ihn mit uns selber verwechselt.

Bedauerlich ist es daher, daß die freiheitlichsten unter den theologischen Richtungen – und neuerdings auch wieder modern-philosophischen – an eben diesem Punkt stecken bleiben. Indem der liebe Gott ihnen zu entschwinden droht, nicht mehr recht deutliche Vorhandenheit behält – sofern er weder naiv mit Irdischem paktieren, noch es in einem Jenseitigen grobwirklich wiederholen darf –, irrt er in der Suche nach Substanz zwischen den gottleugnenden Illusionisten und dem, Verstandesoberhoheit leugnenden, Für-wahr-halten hin und her. Bis er sich entschließen muß, unterwegs zu bleiben: nämlich es umgekehrt zu machen, als wie Sie es ihm vorgeschlagen, wenn Sie ihm die Illusion lassen, aber die Zukunft nehmen; er lehnt ab, daß er bloße Illusion sei, denn er sei, wenn auch noch nicht Gottgegenwart, so doch Gottzukunft. Dieser werdende, allmählich erst sich gestaltende Gott, der von der menschlichen Vernunft das erwartet, was diese bisher gerade von ihm empfing, hat viel vom ältesten Hegel modernisiert in sich: er muß dereinst wirklich werden, weil er so hochgradig vernünftig ist, wie das Menschengeschlecht sich einbildet zu sein. Die Einbildungskraft, die jeder Gläubigkeit Voraussetzung ausmacht, ist hier in ungeheuer schmeichelhafter Aufblähung auf das Menschengeschlecht zurückgeworfen worden: was im echten Glaubensvorgang so tief unbewußt nur vorgehen kann, das unvermeidliche Anthropomorphisieren, ist hier in eine angenehme Helle des Bewußtseins gehoben, vor ein angenehm entgegenlächelndes Selbstporträt. Damit schwenkt auch der Frömmigkeit Wesenssinn in sein Gegenteil um: das Ruhen in etwas, das uns mitumfängt, mögen wir klein oder groß, in unserer wachen Ichheit gefestigt oder angeknaxt sein, wandelt sich zu hastigem Schritt in alle Selbstgenügsamkeit – bedarf doch Gott unserer Herrlichkeit um zu existieren, folglich existiert diese eben, wenn schon noch kein Gott. Die ständige Betonung, wie heroisch und grandios wir zu leben haben, auf daß Gott werde, macht nur noch deutlicher, wie stetig wir uns bei diesem Kompromiß zwischen Glauben und Denken vom Ausgangspunkt aller Frömmigkeit entfernen: vom Einblick in uns selber, der zu gewaltsamem Aufblick zu uns selber wird, und damit – mag dies Letzte auch dem einzelnen nicht bewußt werden – sein innerstes Motiv verrät – sich schon verriet im berühmten Schrei Nietzsches: „Gäbe es einen Gott, wie ertrüge ich den Gedanken, kein Gott zu sein!"

Aber nur ein Nachklang dieses Aufschreis ist die genannte Richtung, denn von wie viel tiefer her, weil um so viel tiefer-eingestehend, war das, was Nietzsches Gedanken umtrieb: das Martyrium seiner lebenslänglichen Gottersatz-Suche. In Nietzsche legt sich die Wahrheit bloß: daß der seiner scharfbewußten Begrifflichkeit überantwortete heutige oder gestrige Mensch erst langsam auch nur zu bemerken beginnt, was er da tat, als er „Gott tötete", daß er erst kaum den „Leichengeruch" davon spürt und seiner Tat noch gar nicht fähig ward. Nietzsche zog, wie in allem, die äußerste seelische Konsequenz: er verwarf, brandmarkte diesen vaterfixierten und dadurch vatermörderischen Menschen, und mit ihm alle menschliche Schwäche (seine Schwäche, als übernähme er die der Menschheit). Es griff noch mit ein in die Konsequenzen seiner Philosophie, brachte sie zu dem einzigen Punkt, wo er aus dem psychologisch gerichteten Aphorismus es zu einer Lehre bringt: nämlich zur Prophetie des Wiederkunftgedankens. Denn was tat er damit? er überbietet damit das schwerste Menschenschicksal (sein Schicksal) durch das einzigmögliche noch Schwerere: daß das Schwere in alle Ewigkeit, nie überstanden, wiederkehrt. Er war derjenige, der das gleichsam dekretierte, der damit seine Hand „auf Jahrtausende" legen wollte, wie „auf Wachs" – denn müsste, wer so tat, wer solche Gedanken trägt und erhärtet, nicht ein Übermensch sein? Hier schnellt die Not, woran man zu so schwerstem Tun sich entschließt, zu so schwindelndem Übermut auf, daß sie sich nur an einem Gott messen könnte – man ist damit der Gott. Bewährt als der Herr, bewährt am dazu verworfenen, zerschmetterten, um sonst Hilfe heischenden Menschen, der man ebenfalls ist. (Noch in Nietzsches Verunglimpfung des Christentums macht sich sein entsetztes Wissen um diesen hilflosen Bettler Luft, wie in seiner verehrten „blonden Bestie" sein Neid, in Triebsicherheit ohne Gott auskommen zu können, ohne den ungeheuerlichen Aufwand der Gottsuche, die schließlich das Nichts predigen muß, um daran das Nichts zu überschreien. Billiger wird man nicht zum „Produzenten Gottes", und darum ist es verhängnisvoll, solche Ambitionen zu propagieren.

Das Wunderbare ist nun: was in solchen Großen durch die Größe ihrer Aufrichtigkeit geniehaft vom menschlichen Innersten kündet, diese Geheimnisse unbewußten Erlebens, das redet auch schon, träumt und tastet, in den Äußerungen der Einfältigen, von aller Vorzeit her bis jetzt; sobald sie sich an ihren Gott wenden. Die Naivität, die Unmittelbarkeit, womit sie dem Gott ihr Wünschen und Wähnen darbringen, macht sie so beredt über sich selbst, wie es sonst, es sei denn im wirklichen Traum, kaum vorkommt. Die gleichen Bildungen aus der Tiefe, wenn sie in Spätzeiten bei den „Gebildeten" von erhöhtem Bewußtsein her geformt sind, bleiben unterwegs stecken zwischen genial und infantil vertieft, und wenn ihre ärgsten Widersprüche auch vor der bewußtem „Realitätsprüfung" gemildert, geglätteter erscheinen, so bleibt dafür doch fast nur der Rest von Widersprüchen von ihrem Gehalt übrig. Mit großem Recht schöpft unsere psychoanalytische Forschungsweise deshalb wie aus einer rinnenden Quelle, aus religiösen Erfahrungen und Darstellungen sowohl im Leben alter Völker wie des einzelnen noch heute (– ich muß an erster Stelle Th. Reiks „Der eigene und der fremde Gott" nennen – sowie seine Blasphemiestudien) und noch ist dieser Arbeit längst nicht genuggetan. Im „Zwiegespräch mit der Gottheit", möchte man es nennen, schlägt sich ja allein, wie in einem Bilderbuch, die erste und letzte Seite menschlicher Wünschbarkeit unretouchiert vor uns auf, bis wir, Betrachter, mit einem Erinnerungsschauer, wiederzuerkennen meinen, was aus unserer eigenen Frühzeit her einmal ebenso arglos und verräterisch unsere Seele ausdrückte: kraß und simpel, wie Gegenstände auf Kinderzeichnungen, das Wunschbild unserer Innenwelt bloßgelegt,

Kleinstes übergroß, Großes gering geworden, alles unperspektivisch übereinander geschichtet, um gleicher Nähe zu sein zum Vaterherzen, zum erhörenden Ohr, und alles ohne hindernde Scham, unter Sanktion gestellt, die es moralischen Bedenken entzieht. In solcher Sprechweise zum Gott erweist sich manchmal noch deutlich die Gottprojektion als naiv-unwillkürlicher Reflex aus der Heilszuversicht des Kindmenschen – aus der kreatürlichen Zuversicht, die sich bejahend gläubig zu ihrem Dasein verhält; hundertmal enttäuscht und widerlegt von Drangsal jeder Art, bleibt alle Kreatur doch beheimatet, wo unsere allzu bewußte Gegenüberstellung von Welt und Ich uns beirrt. Fragt man nach dem letzten Punkt, von wo wir unsere analoge menschentümliche Urzuversicht bezogen, so liegt er ja ebenfalls darin, daß wir kreatürlich muttergeboren sind und dadurch, ununterschieden, die Welt als uns selber empfangen, um dann, aus diesem Sich-damit-identisch-Nehmen, die immer fühlbarem Distanzen „liebend" zu überbrücken.

Auch die Gottesvorstellung ist ganz und gar eine solche erotische Projektion. Geliebte Eltern sind nur deshalb in solchen Riesenmaßen von Macht und Güte angeschaut, weil wir noch unabgeteilt von ihnen uns zur Welt finden: nur deshalb sind sie schon, wie Vorgänger des Gottes, der sie hinterdrein ersetzen soll, so anbetend Gehebte. Anbetung ist gar nichts anderes als eine Deckerinnerung aus jenem Dunkel, worein unsere Ureindrücke entglitten, ehe wir allmählich immer sauberer Ich und Welt zu scheiden lernten. Drum ist von je und je Anbetung dem Geliebtesten zuteilgeworden, und sogar nach dem raschen Rausch der Sinne heimlich als sein seelischer Grundgehalt eingekernt. Denn, wie unsere Geburt als ein Leibesfaktum uns erst zu uns selber macht, so bleibt im Leiblichen allein dasjenige Urfaktum in uns aufbewahrt, von dem aus wir liebend zum „Du" gelangen, am Menschengleichsten entlang bis zur letzten kosmischen Umfassung. Es ist bezeichnend, wie sehr auch noch jegliche Gottesvorstellung sich dagegen sträubt, ganz abstrakt gefaßt zu werden, weil sie damit aus dem Erotischen glitte – weil nur dieses sie zur Fühlbarkeit bringt am Leiblichen ihres Urwuchses. Nicht zufällig haben oft gerade die frommsten unter den Menschen auf die Tiefe der Verbindung zwischen Religion und Geschlechtlichkeit hingewiesen. Trotz der furchtbaren Verpönung solcher Verwandtschaft; trotzdem Feindschaft für und für zwischen beides gesetzt ist, enthält die Wollust doch weder bloß eine verunreinigende Zutat zum Religiösen noch auch eine bloße Primitivität der Auffassung, vielmehr bündelt es zu tiefst, und für immer voneinander abhängig. Gebet und Geschlecht. Hängt doch dies damit zusammen, daß gerade Exaltationen, die in ihrer Gefühlsstärke unsere bewußte Vernünftigkeit am gewaltigsten sprengen, nirgends anderswo sich entladen können als über die Grenze zum Körperlichen hin. Nur wo wir ein Mittelmaß der Affektivität nicht übersteigen, fügt sich dem System ein, das geistige Eindrücke, seelische Ergriffenheiten, ordentlich von einander sondert; sonst fängt der Körper das Allzuviele, freundlich gewährend, in jenen Doppelerlebnissen in sich auf, die wir vom Geschlechtlichen her kennen, wo leibliche und seelische Bewegung zusammentreffen. Gerade also, wo wir des „Leibes ledig" zu werden wähnen, in unserm Außer-uns-Geraten empfängt uns die arglose Treuherzigkeit unserer Leiblichkeit die blutwarme Einheit von beidem, und gibt uns noch in sich eine ganze Strecke Raum. Daher erscheinen Vorstellungen geistlicher Art am allerwenigsten entsexualisiert, aber doch nur, weil auch Sexualität von tiefer her quillt, als aus den dünnen Einzelrinnsalen dessen, was uns davon bewußt werden kann. Der Wortsinn von „oben" und „unten" gilt dann nicht mehr, noch auch von hoch und tief, das eine wird immer zugleich das Wurzelwerk des andern; ob wir steigen oder fallen, ob wir in Anbetung oder Wollust eingehen, ist im vollgültigen Erlebnis nur für den Außenbetrachter fragwürdige der auf Unterscheidung eingestellt ist als auf einzige bewußt mögliche Abrechnung, statt auf Innewerdung: diese läuft in einem Ring.

Faktisch treten wir aus dem Zusammenhang des einen mit dem andern nie heraus, und wir „wissen" deshalb davon neben all unsern bewußten Unterscheidungen. Das treuherzige Füreinanderstehen, das noch miteinander für Identisch-genommen-Werden, wie es der Kreatur, dem Kinde, dem Beginn des Menschengeschlechts einen langen Augenblick zu eigen ist, macht das Wort von Novalis wahr: der erste Mensch sei der erste Geisterseher gewesen – nämlich ein Wesen tapfern Unglaubens an die bloße Unterschiedlichkeit des Außen und nur am Außen zunehmend Erfahrbaren. Erst allmählich reißt die geschärfte Bewußtheit das in zwei Stücke: Identifikation tritt zurück hinter den Notbehelf des Symbolbildes. („Symbol", im Sinn unserer psychoanalytischen Auffassung, für die es bedeutet: eine in Verdrängnis geratene Erinnerung präsentativ zu machen durch ein Nebenstück, worin ihre Bedeutsamkeit durchzuschimmern sucht.) Auf diese indirekte Weise bleibt für den Menschen (analog wie aus pathologischen Gründen für den Verdränger und den Kranken, bei dem wir „Symptom" für „Symbol" setzen) die Einheitlichkeit des bewußten und des unbewußt agierenden Lebens nach wie vor bestehen; immer noch begegnet er auf einem schmäleren Streifen neutralen Bodens den zweierlei Erfahrungen, wie fremd oder feindlich sie auch sonst voreinander tun. Man möchte da Ferenczi erwähnen, der (wie immer) am tiefsten trifft, wenn er sagt, unsere Freude am Symbolbilden sei: „nicht nur Ersparnis an intellektuellem Aufwand an die Seite zu stellen" (also nicht nur, wie z. B. bei Ihrer Witztechnik, ein kraftökonomischer Vorteil, sondern) „es sei möglicherweise eine besondere Wiederfindungslust dahinter... Die Tendenz, das Liebgewordene in allen Dingen der Außenwelt wiederzufinden, ist wahrscheinlich auch die Quelle des Symbolbildens". Längst urteilen wir nicht mehr (wie noch M. Pelletier bei Jung tut):

le Symbole n'est qu'une forme très inférieure de la pensée"

– wir gestehen ihm sozusagen seine eigene Logik zu, was am besten der Schwede L. Lindquist mal in die Worte faßt: daß im Gleichnishaften der Satz „A. ist nicht *non* A." zwar seine logische Gültigkeit verliere, aber nur, sofern die vielen Ähnlichkeiten zwischen den verschiedentlichen A.s ihn Lügen strafen würden, nähme man ihn alleiniglich ernst.

Solange das Symbol ganz unmittelbarer Nachfolger der darin gewissermaßen aufbewahrten Identifikationen ist, kann man noch kaum von Reli-

gion sprechen, sie ist dann zu sehr an ihre Vorform, an Magie, gebunden, die in Riten und Gebräuchen verwirklicht sieht, was als selbstverständliche Voraussetzung noch im. Menschen ruht: letztliche Zusammengehörigkeit der gegenübergestellten Fremdwelt mit all ihren schreckhaften Möglichkeiten, und des Menschen. Religiöser Ritus und Gebrauch einigen beide de facto, sind Vollzug dieser Einigkeit – nicht Theorie oder Lehre.
(Wieder möchte ich zitieren, S. Reinachs hübsches Wort:
Les rites tendent à diviniser l'homme... Grâce à la Magie, l'homme prend Voffensive contre les choses, ou, plutôt; il devient le chef d'orchestre dans le grand concert des esprits qui bourdonnent à ses oreilles.)

Wo ist der eigentliche Anfang aller Religion anzusetzen? Man hält ihn für gegeben mit Spezifikation der magischen Mensch- Gotthaftigkeit zu irgend objektivierter Götterbildung. Doch eben dies ist der Beginn zugleich zu allem Fragwürdigen der Religionsentwicklung. Denn was geschieht im Grunde da? Die am Weltgegenüber allmählich geschärfte Erkenntnis und Erfahrung vollbringt ihr Gottgestalten durch Einbeziehen realer Eindrücke, nimmt das Außen dafür zum Bild, gleicht die Götter dem an, was vom Außen gewünscht und ersehnt wird. Die Unwillkürlichkeit der – sagen wir: noch kreatürlichen, noch vom Außen nicht vollends abgehobenen – Lebenssicherheit wird ersetzt durch ein Fürwahrhalten, durch etwas, das bewußten Glaubens bedarf, dessen Objektivierungen nicht mehr nur unwillkürliche Widerspiegelungen sind, sondern Einprägung vermittelnder Konsistenzen.

Wie sollte es auch anders sein? Die steigende Weltkenntnis, so überaus wichtig und unabweisbar, bekommt eine Nebenaufgabe: in ihren Formen und Farben außerdem verwendet zu werden für eine Überweltkenntnis, die dem „bloß Magischen" insofern fast sogar entgegen ist, als sie höchst unmagische Garantien bietet – eben deshalb bietet, weil es dabei nicht mehr nur um Symbolwirkung, noch weniger um vorausgesetztes Noch-identisch-Sein geht, sondern um „real und reell" vermittelnde göttliche Sachwalter außerhalb davon.

Allein, was damit Verhängnisvolles geschehen ist, bleibt vielleicht nicht einmal das Beirrendste an diesem unaufhaltsam weitergehenden Prozeß. Denn nämlich ebenso, wie die Gottheiten sich an den übersteigerten Hilfserwartungen der Wünsche immer starker verdeutlichen, so auch das Gegenbild menschlicher Wünsche: die Angst vorm Unheil, dem Tode, der Vernichtung. Tritt das Kind mit einer Mutterschoßsehnsucht ins neue Dasein und doch auch mit erwachendem Lebensbegehr, sich nun dennoch zu behaupten, nicht wieder der „Welt" entnommen zu werden, so nehmen wir, im Normalfall, an, daß beides, von Tag z\x Tag, sich gegenseitig zu fördernder Gemeinschaftlichkeit aufhebt, – daß das aus der Mutterexistenz gesammelte Leben sich umsetzt in das der Einzelexistenz. Werden jedoch, wie in den Religionen, wo die Wunschgötter zu Gestalten werden, auch die Befürchtungen ins Positive gestaltet, so steigt aus dem Mutterdunkel das Grauen vor der Vernichtung; „dunkel" heißt da nicht, der Farben nicht bedürftig unsichtbar-sicher im Rückhalt stehen, sondern eingesetzt zum Gegenspieler wider alles

Helle und Farbige. Zweierlei Gottheiten stehen sich da einander gegenüber. Wie dort unsere Wünsche tummeln sich hier unsere Ängste aus; wie die Götter ihre üppigen Versprechungen nicht halten, so bedrohen die Gegengottheiten das bereits Vorhandene mit Vernichtung. Erschienen in den Religionen stets die urältesten der Göttergebilde als die gefürchtetsten, dunkelsten, grausamsten, so nicht nur deshalb, weil sie von den Gottnachfolgern entthront, somit erniedrigt und verunglimpft sind, sondern weit mehr noch steckt darin überhaupt die fortschreitende Wendung zum Daseinshellen, Bewußtseinsmäßigern, von dem erst die spätem Götter ganz ihre Wesenstönung beziehen. Durch den Umstand jedoch, daß das Beiderlei begrifflich ins Ungeheure hineinkonstruiert wird, sich in Göttliches überschlägt, kommt es auch im Menschen zu einem sich befehdenden Zweierlei der Wirklichkeit gegenüber; der, sozusagen, zweimalige Ansatz zum Leben, worin er mit der Geburtsstunde das Menschentum antritt, befehdet sich, anstatt sich auszugleichen, weil gegenüber dem Über- und Außermenschlichen seine Hilflosigkeit immer absoluter wird.

Dies ist wohl der Punkt, wo Religionsbildung als solche dem Pathologischen am weitesten entgegenkommt. Der Mensch zwischen schmale Bewußtheit und die Breite der Unbewußtheit gestellt, verengt sich diese Breite in eine enge Todespforte und verdoppelt sich andererseits täuschend das bewußt Begrenzte zu einem Daneben göttlicher Gegenständlichkeiten. Damit wechselt ein jedes verwirrend ins andere hinüber, wechselt gegenseitig seinen angestammten Platz und setzt den Menschen, wie er sich auch wenden, wie er auch wählen mag, eben als Menschen ins Unrecht. Denn daraus gibt es keinen Ausweg, außer den, in den die Religionen allmählich münden: der Erlösungssehnsucht, Erlösungslehre. Die Stifterreligionen erhoffen in ihrem Stifter den magischen Menschen, der von dem befreit, was natürlichen Mitteln nicht mehr zugänglich ist. Der Erlöser ist der in ihm autbewahrte – nur vom Beginn oder vom Ende her angeschaute, – alte Magier; der verzweifelte Zwiespalt greift in ihm zur äußersten Rettung zurück: zum ursprünglichen Zusammenschluß des Menschlichen mit seinem Urschoß. Was da auf Erlöserschultern abgeladen wird, ist eine Hilflosigkeit, die schließlich nur noch als Verschuldung, als letztliches Wesensmanko gefühlt werden konnte – als die Schuld, Mensch geworden zu sein, als die Vorwitzigkeit der menschlichen Situation, das Verzweifeln an dem, wovon man doch nach wie vor umfangen bleibt. Was da als Erlösungssehnsucht aufbegehrt, reicht so tief wie die untergründigsten Konfliktlagen des Menschentums überhaupt, und ist darum von nirgends her durch Verstandesentwicklung total abzustellen; wo es zu fehlen scheint, ist das oft nur scheinbare „Oberfläche", wörtlich genommen, in Wirklichkeit ist es tiefer hin ersetzt durch Verdrängungsversuche der Lebensangst, durch Abgötter statt Gottbildungen, durch all das, was (– wie bei praktischen oder erotischen Übertreibungen –) so tut, als rissen sie helfend in andere, gefühlsablenkende Sphären. Menschliche Erlösungsnot lächelnd Überhören, als gelte sie äußerlichern Nöten, denen man nun einmal ausgesetzt sei und denen Vernunft, nicht Aberglaube, abhülfe, ist deshalb selber oft eine täuschende Gebärde, nicht anders als die Schutzgeste des Religiösen. Käme jemand wirklich aus mit Oberflächenstimmung, ohne Blick für die Tiefen des Daseins, so käme er fast schon dem nahe, wovon Schopenhauer sprach als vom „ruchlosen Optimismus".

Aber auch das andere bleibt daneben bestehen: das Unbehagen am Phänomen der Religion, insofern sie gerade an der Lebensbewältigung, die sie leisten möchte, verhindert. Denn nicht so sehr „Wissen" und „Glauben" stehen einander da entgegen, sondern Verlangen nach Wirklichkeit und Verlangen nach der Selbsttäuschung, die, weil sie die Bewältigung vorwegnimmt und fromm vergegenständlicht, uns vom zu bewältigenden, überwältigenden Urerlebnis des Daseins getrennt hält. Nur das Erlebte selber reicht bis in jene Schichten, wo Leben und Tod an einander rühren, wo sie „gegenständlich" belanglos werden. Hie und da, in therapeutischen Analysen, läßt sich darum ein Eindruck gewinnen von Auflösung anerzogener oder auch selbstgebauter Glaubensannahmen mittels der Genesung. Da ist es, wie wenn dem Analysanden und zwar gerade infolge seiner Pietät für das Geglaubte – beschämend klar werde, daß er es lediglich mißbraucht habe zu Zwecken seiner Krankhaftigkeiten, – daß er es in die Bedürftigkeiten seiner Neurose hineingezerrt habe als ein Stück von ihr. Außerordentliche Not wirkte da als förmlicher Zwang zu geglaubten Wunscherfüllungen – und es gibt keine außerordentlichere Not als die neurotische, – aber gerade darum bewirkt sie zugleich den Widerstand gegen Genesung: denn sie braucht, vice versa, die Verzweiflung zur Beglaubigung ihres Wahnschaffens. Mit dem Abtun davon geschieht nicht nur ein Negatives, sondern das freiwerdende Positive einer gefaßtern und bereitern Stellung zum Dasein, dessen Not und dessen Glanz sich nicht künstlich voneinander scheiden lassen, weil in beidem wir selber sind.

Damit erledigt sich auch die Frage, wie religiöse Differenzen zwischen Analysand und Analytiker zum Austrag zu bringen seien: nämlich gar nicht. Je redlicher sie dem Ziel der Gesundung in gemeinschaftlicher Arbeit zugehen, um so gewisser stehen sie auf Einem Boden, und die Bedeutung solcher Fragen entsinkt damit. In der Härte oder Dürre der Lebenswanderung, führe sie auch noch so weit in getrennte Richtungen, stillt sich ihr Durst dennoch aus demselben Quell, wie am gleichen Oasenrand die Tiere der Wüste einander begegnen, wenn es tagt oder Abend werden will.

VII

Wo im Glaubensvorgang Bilder aus dem Religiösen naiv-poetisch aufsteigen, grenzt er an den künstlerischen Schaffensvorgang aus einem ursprünglichem Stadium beider, das sie, mit allen menschlichen Betätigungsarten noch ineinandergerollt, unspezifiziert, in sich enthält; ebenso wie Kunst ihrerseits an Magie und Religion grenzt – eine Art der Beschwörung dessen worüber man verwirklichende Macht zu haben glaubte. Kunst im davon schon getrennten Sinn entsteht erst als Ersatzschöpfung unserer Resignation bezüglich solcher magischen Mächte: im Verzicht auf solche Beeinflussung der umgebenden Wirklichkeit – als eine zweite Wirklichkeit neben der beharrenden ersten. Allem Kunstwerk gestehen wir Eindrücke zu, die wir so von keiner Außenrealität empfangen können, und die uns dennoch etwas vermitteln, was objektiv begründet, nicht lediglich subjektiv hinzugetan erscheint. Ist es doch eben dies, wodurch in den philosophischen Systemen die „Ästhetik" so hoch ins Metaphysische auffliegt; den realen Darstellungsmitteln, deren die Kunst sich bedienen muß, wird vom Übersinnlichen her die nötige Bedeutung wieder angehängt, die ihrem Ursinn verlorengehen mußte. Wenn ich nun sage: mir scheint durch die Psychoanalyse diese geheime Absicht aller Metaphysik nicht nur berichtigt, sondern auch einigermaßen – wenn auch andersherum – befriedigt, so werden Sie, bitte, nicht argwöhnisch, als ob ich etwa der Psychoanalyse etwas aufhalsen möchte, was sie zu tragen gar nicht gewillt ist. Ich bekenne: mir ist's herrlich, ihr dies aufzuhalsen, weil es von Ihren eigenen Hinweisen ausgeht, die Sie vor einem Jahrzehnt bereits in Ihrem „Jenseits des Lustprinzips" uns gaben und die, von einem vertieften Unterhalb her, das fingierte Oberhalb der Metaphysik gleichsam überschüssig machten. Ihnen war bei der Deutung von Träumen aufgefallen, daß es neben denjenigen, die in der bedenkenlosem Freiheit des Schlafes unsern Wünschen erfüllungsbereit sind (sofern dreinfunkende Bewußtseinsmahnung sie nicht in Angstträume verkehrt), es auch Träume gibt, die bis in Urtümliches hineinreichen, in eine Art Vorzeit des Träumens wo noch gar keine Rücksicht auf „uns", auf unsere Lust- oder Unluststellung genommen scheint, wo sich gleichsam in reiner Wiederholungsautomatie noch einfach wiederspiegeln, was sich innen begab. Diese tiefergelegene Schicht hinter unserer schon ichbezogenern – diese immer vorhandene Schicht, wenn auch nur hie und da von uns vermerkte (wie ja auch unsere lust- und unlustbezogenen Träume hinter dem periodischen Wachsein in uns unbewußt weiterträumen), scheint doch einen Fingerzeig zu geben in die Sphäre dessen, was wir das Schöpferische im Menschen zu nennen pflegen. Denn in ein Urtümlicheres, noch Kreatürlicheres muß sein Ansatz reichen, um dem Personellen entwundener zu bleiben als die bewußte Entwicklung zu unserm praktischlogischen Dasein; der schaffende Künstler wäre ein Bewahrer von Ureindrücken, die sich nicht unterdrücken lassen von der Entwicklung, aber auch Einengung, in alles übrige, sondern sozusagen eines Wiederholungszwangs sich noch bedienen. Was man „künstlerische Begabung", Schöpferfähigkeit überhaupt nennt, würde die Umstülpung davon ins Werk sein, in eine zweite, neu angebahnte Art der Wirklichkeit. Und, indem jedermann in der gleichen Tiefenschicht letztlich beheimatet ist, wäre er vom Werk des Schaffenden mitberührt, erlebte er ein Mittun davon in dessen Wirkung.

Bezweiflern der Psychoanalyse gewährte es eine – wie stets ein bißchen mißverständliche – Genugtuung, als Sie jenseits des Lust- und Unlustprinzips etwas zugaben, wenn- schon nach tiefer statt nach höher zu, aber interessant ist es, daß auch alles, was man etwa „hohe Lust" zu titulieren pflegt, für uns diesen Charakter aufzeigt. Es bedeutet jedes Mal: jenseits unserer Mittelzustände des Ichberechenbaren, Persongerichteten, also eine Grenzerweiterung – ja oftmals etwas, wodurch „Glück und Schmerz" einander einbegreifen, oftmals ein „Außer-sich-Sein", das wie ein Heimkommen zu sich selbst sich anfühlt. Neben masochistischer Selbstpreisgebung oder sonstigem Pathologischen, das zu infantilster Personlosigkeit zurückrutscht, beruht es einfach schon auf dem Umstand, daß wir aus breiterem Dunkel anheben, als wir bewußterweise wissen, und wo diese ursprünglichste Passivität sich in um so verstärktere Aktion umsetzt, reden wir von schöpferischen Fähigkeiten. Aus dem Unbewußten stellt sich ein Stück inmitten das bewußte Gegenüber der Realitäten, greift sie gierig auf als Ausdrucksmittel für diese neue, andere Wirklichkeit, ja besteht ganz und gar im leidenschaftlichen Auftrieb zu solcher Verwirklichung. Daß im Künstlerischen Unbewußtes derartig hochtreibt, ist das, was uns Form heißt. Sie ist nichts als die Unbewußtheit des Inhalts selber, der uns sonst (außer in pathologischer Verkehrung) unzugänglich bleibt, sie ist nichts neben ihm: deshalb von solcher Verletzlichkeit durch geringsten Eingriff in sie, durch kleinste Abänderungen, weil die „Vorhandenheit" des Inhalts mit ihr aufhört. Sie bemächtigt sich alles Realen, an dem unser sichtbares oder begriffliches Weltgegenüber sich uns hinstellt, und zwingt es – für jeden verwandt Fühlenden, – etwas anderes auszudrücken als dieses selbst, als diese praktisch sichtbarliche und logisch begreifliche Welt.

Weil mir vorkommt, als werde das hier bloß Angedeutete von der Psychoanalyse nicht ganz anerkannt, bin ich in bezug auf drei Punkte ihrer Kunstauffassung ketzerisch gestimmt. Erstens bezüglich ihrer Überschätzung des Tagtraums – der sich natürlich auch beim Künstler besonders plastisch einfinden mag, dem aber trotzdem am wenigsten über das Kunstproblem zu entnehmen ist, gerade weil er am meisten von sich zu erzählen weiß. Denn bei ihm ist in der Tat Form und Inhalt zweierlei: was sein Traum ersehnt, ist die reale Erfüllung seiner verschiedenen Wünsche, und nur weil diese Erfüllung versagt oder sich verzögert, werden sie zum Notbehelf phantasiemäßig geformt. Dies trennt ihn nicht nur dem Grade, sondern dem Wesen nach vom Kunstwerk: ja, wo in einem Kunstwerk dergleichen irgendwo durchschlug, läßt sich ein künstlerisch toter Punkt oder Blindfleck aufspüren (wegweisend und wichtig für des Werkes Analysierbarkeit, eben weil sie hier merkbar auf den persönlichen Triebuntergrund auftrifft). So sind Kunstwerke durchströmt von aller Wollust, und doch, wo nur ein Tropfen davon nach außen sickert aus dem geschlossenen Kreislauf, wird es bezahlt wie mit einem abgestorbenen Ghed am Gesamtorganismus. Und ebenso muß fürs Gelingen nicht nur das Stoffliche des Anlasses in Vergessenheit gesunken sein, sondern verbraucht: ja gleich Begrabenem verwest und verwandelt zu Anderem, Pflanzlichem; so sehr anders ist dies Stück Erde liebend-neu umfangen im Kunstwerk, und dennoch mütterlich noch zum letzten der Knöchelchen.

Zweitens leuchtet mir, im Zusammenhang hiermit, die Herleitung des Künstlerischen, des menschlich Schöpferischen überhaupt, aus den Verdrängungen nicht ein: wenngleich diese noch so oft, eventuell immer, als mittelbare Veranlassung beteiligt sein mögen, durch den zu Ausdruck treibenden Druck von Sehnsucht und Nichtbefriedigung. Hauptsache bleibt dennoch immer das, was letztlich nicht reale Wunscherfüllung intendiert – eher könnte davon noch gesagt werden: es kommt von Erfüllungen her, von der Macht unwillkürlicher, unabweislicher Realisation des noch gar nicht Personellen. Es bildet dadurch geraden Gegensatz zum Pathologischen, das ins Infantile „regrediert", von Verdrängungen dorthin ins Absperrende zurückgescheucht: es verhilft einem Ursinn des Erlebens hinauf ins Bewußtseinsfähigere, verbindet gleichsam Oben und Unten innerhalb einer neuartigen Bahnung, die auf der sonst üblichen Wunschbahn gar kein Ziel damit erstrebt. Ist dies denn nicht auch der Grund dafür, warum für den so Schaffenden – sowie die rezeptiv das Geschaffene Genießenden – aufgehoben scheint, was sonst ihre Wünschbarkeiten mit Verboten und Geboten unterband, und was außerhalb dieser Feierstunde, dieses sozusagen wunsch-luftleeren Raumes, sie auch wieder bedrängt? Sie schildern es selber: „Das Unbewußte wird für diese eine Konstellation ichgerecht, ohne daß sonst etwas an seiner Verdrängung abgeändert würde. Der Erfolg des Unbewußten ist bei dieser Kooperation unverkennbar; die verstärkten Strebungen benehmen sich doch ganz anders als die normalen, sie befähigen zu besonders vollkommener Leistung". Das schlichtet auch die alte kitzliche Streitfrage, ob dem Schöpfer für sein Werk alles mögliche menschlich Fragwürdige erlaubter und eher statthaft sei: die Inanspruchnahme dadurch beeinträchtigt tatsächlich die Hingabe an sonstige Menschenziele und tut das obendrein nicht allzu selten auf einigermaßen tragische Weise, indem gerade der so beschaffene Mensch, ein „Vollkommenheitsbesessener" möchte man sagen, auch doppelt leidensfähig und empfindlich ist gegenüber den Unvollkommenheiten des Lebens und seiner selbst.

Und daran knüpft sich mein drittes Ketzertum: an die Überwertung des Sozialen in der Kunstleistung. Natürlich liegt sie in der Sache mit drin, etwa wie uranfänglich auch die Voraussetzungen von Magie, von Religion sich noch einheitlich, ungetrennt darin dokumentieren. Aber, die Spezifizierung der menschlichen Betätigungsarten schon angesetzt, scheidet das Soziale als Kunstzweck aus, eint sich ihm nicht anders als auch sonstige menschliche Beweggründe sich hinzumischen, wie Ruhmsucht, Erwerbslust oder anderes mehr. Schöpfer ist jemand allein vom Jubel und Drang seines Werkes her, und, wäre er im übrigen noch so sehr auf den Mitmenschen eingestellt, sei es „ethisch" oder „erotisch", ist beides nicht mitschaffend an dem, was Werk davon wurde, es nur vermittelnd, „zwischen Phantasiewerk und Außenrealität". Es ist wesentlich, sich dies auch in Hinsicht auf das Erotische zu sagen – obwohl dies das Einzige ist, das vom Publikum dem Künstler allenfalls bereitwillig zugestanden wird. Man denkt dabei aber an Erotik im objektlibidinösen Sinn, während die Quellen, die so nahe seiner Produktivität rinnen, ja viel, viel weiter zurück entspringen und uns am ehesten noch deutlich aufzugraben sind innerhalb der frühen Sexualphasen. Unserer psychoanalytischen Auffassung nach sind stets starke Beziehungen, von sogenannten „Talenten" aus, zur Haut-, Oral-, Anal- und auch sadomasochistischen Ausdrucksweise der Erotik zu finden, und wir nehmen an, daß sie sich schon dort abbiegt von den Tendenzen zum sexuellen Reifeziel, um sich, wenigstens zu einem Teil, statt dessen geistgerichtet aufzuarbeiten, zu „sublimieren" (die „Sublimation nimmt den Weg über das Ich", Freud). Noch weiterhin, als wir sie begleiten können, behält sie wohl ihren eigentlichen Rückhalt im Uranfänglichsten, dem sich Subjekt und Objekt noch nicht unterschied, und läßt den Künstler dauernd als sehr primär „narzißtisch" disponiert erscheinen. Anstatt der Liebeskraft als bloßer Not-Brücke übers Unterschiedliche hinweg wäre die erotische Grundbefähigung also ein Mangel an Distanz, eine bloße Vorform der Liebe, ein besonders dauerhaftes Funktionieren des Identifikationsmechanismus – während daran vorüber seine übrige Weiterentwicklung dem Objektlibidinösen zugeht.

In dieser Aufeinanderbeziehung des Früherotischen zum schon geistgerichtet Bewußten unseres Ichs liegt für den schöpferischen Menschen ein bestürzend asketisches Moment: seiner Erotik entgeht zu einem Teil die leibliche Zielrichtung und Entwicklung. Das Werk ist ihre Verleiblichung, er bezahlt damit sozusagen die fragwürdige Gottkonkurrenz, die er als Wirklichkeitsschöpfer treibt. Durch dies Reiche und Bereichernde, das er sich vorbehält – trotz auch seiner Einengung ins Bewußtgewordene, – ist er auf Verzicht gestellt wie einer, der in undurchdringlicher Taucherrüstung Schätze vom Meeresboden aufliest und heraufbringt; nur durch einen Atmungsschlauch mit der Oberwelt verbunden, solange er daran schafft. Denn wo das nicht gelungen ist, der Verzicht nicht voll stattgefunden hat, da entsinkt das, was zur Produktivkraft werden wollte, ins leiblich Infantile der Erotik. Zwischen diesem leiblichen Ablauf und der aus ihm erlösenden Produktion erstreckt sich gern das ganze Gebiet des Pathologischen, gleich einem Spinngewebe, das auf die ermattende Fliege lauert. Man gedenkt dabei der Ausführungen Ferenczis über die gewissermaßen „magische" Äußerungsweise hysterisierter Zustände, die „aus im Körper verfügbaren Materialien" Symbole für etwas zu nehmen weiß, was, infolge verdrängerischer Absperrung vom Bewußtsein, „unsere erotische Triebkraft innerhalb der Leibesgrenzen produktiv werden laßt": „Die normale Scheidung des Realitätsorgans von denen des erotischen Zentralorgans wird – aufgehoben und infolge dieser Ver-

mengung sind die Hysterischen zu Mehrleistungen befähigt... Es kommt dabei auch das Stück der organischen Grandlage, auf die die Symbolik im Physischen aufgebaut ist, zum Vorschein...
Die Materialisationsphänome werfen auch ein Licht auf das physiologische Korrelat des künstlerischen Schaffens." Das Schwanken an dieser Grenze zwischen künstlerischer Produktion und Abgleiten in leibliches Erlebnis gewinnt einmal einen eindrucksvollen Beleg an der von R. M. Rilke geschilderten kurzen Episode 1913 in Duino (ursprünglich im Inselalmanach von 1919, betitelt „Erlebnis"): als er, in die „schulterhohe Gabelung eines strauchartigen Baumes gelehnt", gleichsam des Baumes Wesenheit in sich übergleiten fühlte. Es bleibt „erlebt" ohne, in diesem logisierenden Bericht, zu einem dichterisch Erfahrenen zu werden, es bleibt leiblich, gleichsam somnambul erlebt, ohne sich ins entpersönlicht erdhafte umzusetzen, und beschäftigt den Dichter deshalb, noch nach der ersten Notizniederschrift in Spanien, sehr viel später in einem, dem Erlebten nachgrübelnden Briefe. Verwandte Vorkommnisse zwischen Produktion und subjektivem Befinden, wie sie hier ausnahmsweise vorfielen, kennzeichnen z.B. auch viele Exaltationen, die sich ins Mystische oder Romantische verschlagen glauben und doch im rein Illusionären eigner Bedürftigkeit stecken blieben. Dann hätten sie die besten Einwände für alle Kunstverächter, welche argwöhnen: Künstler sein hieße, sich hinüberschwindeln über das kalte tote Chaos der Dinge, das wir uns praktisch-logisch zu ordnen mühten, statt solcher bequemen Selbsttäuschung darüber zu erliegen. Doch jeglichem Werkgelungen ge-

genüber schlägt dieser Einwand fehl: der Künstler greift seine Sensationen aus Ureindrücken dessen, worin ihm Welt und Mensch noch ungeschieden die Wirklichkeit ausmachten, und diese ist es, die sich im Werklichen nochmals verwirklicht.

Ein anderer Einwand ist gewichtiger. Er beruht auf der Tatsache, daß es auf diesem Wege schöpferischer Gestaltung eine Grenze gibt, die zwar nicht zurückscheucht in halbleibliche Zwischenzustände infantiler Provenienz, aber dafür in den Gegensatz hinaustreibt: über die Grenzen menschlicher Voraussetzungen und Lebenseinstellungen außerhalb des Werkes. Im Normalerleben sind wir von den Eindrücken des Realen abhängig und unterworfen, zugleich aber ihrer mächtig infolge einer verhältnismäßigen Unzerspaltenheit unserer selbst von dem unbewußtesten Andrängen bis in die klar disponierendste Bewußtheit. Nahezu dreht sich diese Sachlage im künstlerischen Schaffen um, indem die Werk Wirklichkeit verlangt, daß das Reale für sie selber rückhalt- und rücksichtslos zum bloßen dienenden Ausdrucksmittel werde – daß andrerseits aber dieser herrische Künstler zum Geschöpf werde des eigenen Unbewußten, und passiv dessen Einflüsterungen Folge leiste. Mit einem gewissen Recht erscheint die Kunst in ihrer Spezialisierung, also nach ihrer Entziehung aus der ursprünglichsten Menschenganzheit und emanzipiert zu sich selbst, irgendwie menschlich-gefährdend – keinesfalls so harmlos, wie sie uns nur da vorkommen kann, wo wir es nicht sonderlich wichtig mit ihr nehmen. Beinahe vollzieht sich damit ja ein ähnliches Verhängnis wie das des Eros, dessen Selbstverständlichkeit im ursprünglichen Bunde mit allem übrigen Menschentum, mit „hoch und niedrig", durch seine Spezialisierung (unter religiösen Verboten) aufschnellte zu romantischen Zuspitzungen, die sehr schön und auch recht gefährlich sind für seine Einordnung in die Gesamtheit des Lebens, indem sie den Eros, der das Leben doch, wie nichts anderes, zentral auszudrücken hat, in ein Außenseitertum drängen neben der simplen Sättigung physiologischer Bedürfnisse.

Die Drangabe des Schöpferischen im „reinen Kunstwerk" – in dem keimfrei zum Künstlerischen destillierten sozusagen – kann so weit gehen, daß der es Schaffende in seinem Menschsein selber sich von seinem menschlichen Standpunkt mit abgerückt sieht, des Fußbreites Erde beraubt, von dem aus er sich doch nur soweit vorwagen konnte. Habe ich vorhin Rainer Maria Rilkes Schilderung einer kleinen Episode für ein Noch-nicht-Kunst-Gewordenes angeführt, so soll er hier als wahrer Kronzeuge gelten für die Gefahr des Allzuweit. Denn mag noch so viel Sonderliches seinen Fall charakterisieren, er bleibt dennoch eine Abwandlung des Menschenschicksals in der Kunst als zu einer dahinter drohenden Menschentragik. Ihm erschloß sie sich an der Grenzstelle, wo der Engel ihm seine Elegien diktierte. Der Boden der Kunst erscheint damit zu tief aufgeschürft, im sehnsüchtigen Verlangen zutiefst auf eine letzte Gemeinsamkeit beider „Wirklichkeiten" zu stoßen. Die Existenz des Engelbereiches – nicht mehr nur geschaffen als vollkommen schöner Schein eines Seins – wird in eigene Existenzialität hin eingerissen, er gerät in Gottexistenz, ohne aber auch, wie diese es täte, das Menschenheil mit zu verbürgen, er ist und muß sein – obschon nur erreichbar via Religion – eine nichtwiederliebende Gottheit: denn nur so indem der Mensch aller Habe und aller Rechte entkleidet, als verlorener Sohn vor ihm steht, beglaubigt der Engel seine Eigenwirklichkeit, als eine nicht menschengeschaffene bloßen Scheines.

Der „Engel" entwertet den Menschen derartig weit, daß er ihn damit auch entwirklicht. Nicht bloß bleibt beim Entwerten lediglich das primitiv Untergründlichste für den Menschen übrig, wie ein Hefenboden unter dem aufsteigenden Duft des Lebensweines, sondern das Leben selber ist daraus ausgesogen, als genüge der geringste Realitätsanspruch eines Engels bereits, um der menschlichen Realität ihre gesamte abzustreiten. Ihr warmer natürlicher Triebgrund wird darunter seinerseits zu etwas Scheinhaftem entleert, gezwungen zu einer Art von Imitation des geistigen, auf das Engelhafte gerichteten Verhaltens, zu einem bloßen Nachäffen davon – des Dichters schwerste Klage gilt diesem „Affen des Geistes", der ihm auf den Schultern hocke und nicht anders abzuwerfen sein würde, als mit der Physis selber, die auf die Erde niederdrückt. Alle Hingebung gilt dem wirklichkeitsusurpierenden Engel, der, gleichsam empfangen und gezeugt im verkehrten Mutterleib, das Liebeszentrum mit sich verstrickt hält: der Engel ward zum Liebespartner.

Leise nur läßt sich reden von so Hintergründlichem, wie diesem schmerzvollen Durchbruch der Elegien, der ein Jahrzehnt währte, als sträube sich dagegen, wie gegen einen sich pervertierenden Produktionszwang, der Mensch, der sich dazu als dessen ungeheuerliches Opfertier darzubringen hatte; „denn jeder Engel ist schrecklich". „Es gelang", die Form verkündete das Letzte, sie hielt – der Mensch ging in Scherben. Still steht ein Kunstwerk in lauter Frieden und Verheißung, doch nur dünn hängt darüber der transparente Schleier, der seine letzten Ermöglichungen verbirgt und die furchtbare Nichtharmlosigkeit dessen, was wir, so freundlich interessiert, „Ästhetik" heißen.

Daran erfand Rainer Maria Rilke jene Definition des Schönen, worin – kaum noch hoffend – doch eine zaghafte Fürbitte für die Menschen vorweggenommen ist:

– „Denn das Schöne ist nichts

als des Schrecklichen Anfangs den wir noch grade ertragen

und wir bewundern es so, weil es gelassen verschmäht uns zu zerstören."

VIII

Alles „Schöne" ist uns „unvergleichlich", als hätte die „Allmacht der Gedanken", womit wir zum Leben erwachen in noch ungebrochener Zuversichtlichkeit des Urseins selber im Schönen für immer das Kunststück vollbracht, Allseitiges festzulegen auf Erscheinungen, die es als einzelne doch gar nicht fassen können. Dadurch bleibt es, von diesen aus, ein Schein bei all dem Sein, ein Hinweis drauf, statt des Realbesitzes dran; es bleibt ein Blick durch die Tür in eine erstrahlende Weihnachtsstube, nicht ein Griff in die ausgebreiteten Weihnachtsgaben unter dem leuchtenden Baum, um sie in praktische Einzelverwendung zu nehmen; um deswillen bleibt der Frieden und Glanz darüber liegen, der das Ganze für uns zum ewigen Abbild eines nicht zu übertreffenden, vollkommen Erreichten, Unvergleichlichen macht.

Betrachten wir unsere sonstige Menschenweise, uns über die Unvollkommenheiten und Enttäuschungen unserer Umwelt oder Innenwelt zu erheben, so stoßen wir dagegen in jeder Beziehung auf Vergleichung, auf Rangordnung, auf das, was damit zwar im Getriebe des Ungenügenden stecken bleiben muß, aber dafür sich am Gegenständlichen real beglaubigt. Das ist die Welt der Werte. Auch sie entstammen der Ursituation, worin wir uns als Bewußte, Vereinzelte gleichsam abgeschnitten finden vom Nabelstrang mütterlichen Allseins und in dieser Not eine Wieder Vereinheitlichung anstreben: von der Historie des Säuglings an, die uns bereits gute Illustration für diesen lebenslänglichen Zustand wird, bis in alle unsere spätesten Idealbildungen hinein; nicht zum wenigsten in die von unserer eignen Unübertrefflichkeit, welche uns ursprünglich ja noch mitgarantiert erschien an unserer Unabgehobenheit vom Weltgrunde selbst. In Ihrer „Einführung des Narzißmus" stand es 1915 schon: „Der Mensch hat sich hier, wie überall auf dem Gebiet der Libido, unfähig erwiesen, auf die einmal gewonnene Befriedigung zu verzichten. – Diesem Idealbild gilt nun die Selbsthebe, die in der Kindheit das wirkliche Ich genoß. Der Narzißmus scheint auf dieses neue Ideal verschoben, welches sich, wie das infantile, im Besitz wertvoller Vollkommenheiten befindet." Der primäre Narzißmus des unabgehobenen Ruhens in einer noch mittragenden Urfülle ist gewissermaßen zu einer Streckbewegung, einem Erlangenwollen, geworden, an Stelle selbstverständlichen Daseins als eines fraglos alles enthaltenden. Ich habe es mir in einem Bilde ausgedrückt: der Aufrichtung einer Horizontalen zu einer Vertikalen, deren Erhöhung genau aufzukommen hat für die Breite, die sie aufgab. Wie die Breite unendlich erschien, so steigt die Hochrichtung von nun ab ruhelos ins Unbeendbare, aber von Moment zu Moment immer wieder eine Teil Verwirklichung, Realisation von neuen Stufen, verglichen mit den anfänglich erstiegenen.

    Ich möchte hier sehr gern etwas nachdrücklich machen, was, wie mir scheint, stets zu Unrecht keine Aufmerksamkeit an sich zieht. Mir scheint nämlich im eben Erwähnten ganz prinzipiell ein urtümliches Stück Menschenglück, ja Menschenjubel zu liegen, den man über den Nöten des Strebens meistens überhört. Man „soll" ja nicht nur, sondern man „möchte" auch dies Kräftespiel üben zwischen Sichgehenlassen und Sichhemmen, dies Steigenlernen. Es steckt ein gesunder, natürlicher Zusammenhang zwischen dem Erwerbensollen und allem Festlichen, nicht nur allem Arbeitsschuftenden. Mir ist es persönlich stark in Erinnerung aus der Kindheit, wie der allererste Anspruch, alles möge „vollkommen" sein, sich in Tätigkeit umsetzt für etwas fast Feierliches, wofür man sich gleichzeitig anspannt und schmückt, worüber Freude und Erwartung liegt, welche das Sollen dran fast auslöscht, jedenfalls nicht streng und kalt zur Isolierung kommen läßt. Der ursprüngliche Zusammenhang vom „horizontal" und vom „vertikal" Betrachteten erhält sich so gewiß, wie ja unser bewußtes Dasein sich auf dem nur scheinbar losgelassenen Urboden des Unbewußten weiter abspielt, und nur dieser Umstand schenkt dem menschlichen Erleben seine immer frischen Glücksmöglichkeiten. Wir wollen mit Entspannung ja zugleich Raum für erneute Reizwirkung, sobald wir aus dämmerndem Sein in Bewußtseinsgerichtetes, Werdendes gehoben wurden; wir wollen mit unserm Lebenskahn weder kentern noch auch uns den Wind aus den Segeln nehmen lassen. Von Haus aus formt sich ja ein Kompromiß von Beharren- und Sichwandelnwollen, das gesunde, natürliche Kompromiß im anhebenden Doppelspiel von bewußt und unbewußt (das in den Neurosen so unglücklich verschoben ist, seiner prachtvollen Ökonomik gegenseitiger Förderung beraubt ist, und drum an aller Erlebniswirklichkeit vorbei seine vernichtende Vergeudung treibt). Der Zug zur „Wiederherstellung des Frühern" – will sagen: des faktisch immer im Unbewußten weiter Wirkenden – dieser Urausdruck unserer Triebkräfte überhaupt, drückt sich auch in der Werdelust aus, in der veränderten, gewechselten Form unserer Seinsbejahung. Das Kind, unter Angst- und Geburtsnöten zum Dasein in diese Werde-Welt geweckt, erfährt schon gleich darauf die andere Angst: vernichtet zu werden (Jones' Aphänisis), und aus beidem erwächst der gesunde Mensch erst, der zugleich Wurzel und Emporstreben ist, zugleich feststeht und in Holz und Laub und Blüten aufschießt. Wenn Sie, mit so viel Recht, einen extra Vervollkommnungsdrang beim Menschen ausschließen, so doch nur infolge von dessen moralischer Verballhornierung : denn sein Auftrieb ist zutiefst nichts anderes als zugleich sein Wiederumfangen wollen dessen, worein er von je gehört.

Aber aus einem besonderen Grunde schleicht sich eine „moralische Verballhornierung" in diese innern Sachlagen sehr leicht ein: weil wir so schwer umhin können, das bei unserm Werden Erreichte an vergleichenden Wertungen abzuschätzen. Sicher kann man den Beginn davon nicht früh genug an setzen, – weit früher als mit den uns von Eltern und Erziehern aufgedrängten Verantwortlichkeiten. Mir scheint Jones das in neuerlichen Arbeiten sehr gut beobachtet zu haben, wenn er findet, daß bereits die Hilflosigkeit des ganz kleinen Menschen, seine unabweislichen Enttäuschungen als solche genügen, um ihn ins Unrecht gegenüber dem neuen Dasein zu setzen. („Nichtbefriedigung bedeutet ursprünglich Gefahr, die das Kind in die äußere Welt projiziert, wie es alle, seine innern Gefahren zu tun pflegt, und dann jedes moralische Entgegenkommen zum Stärken seines Gefahrgefühls und zum Errichten von Schutzwehren dagegen ausnützt." Internat. Zeitschr. f. PsA. XIV, 1938.) Das Ungeheuer Ofen etwa, woran das herankriechende Kind sich verbrennt, macht in der Tat ja den Ofen nicht nur zu einem hassenswürdigen Schädiger, sondern auch zu einer unbezweifelbaren Autorität, der gegenüber das gebrannte Kind sich als das Minderwertigere, Zugehorchenhabende, empfindet: der Ausbund von Macht-Vollkommenheit der man ist, empfängt einen zurückschlagenden Stoß. Wie es dann weitergeht, in den Abenteuern der Fremdwelt, hat sich uns aus Ihren Feststellungen in allen Fällen unserer Praxis stets erneut eingeprägt: in der Bindung an die Eltern oder ihre Vertreter mildert sich das Ungeheuer Ofen (im Glücksfall) in einen wenn auch strengen Freund- diejenigen Züge verwischen sich dran ins Freundliche, die durch die kindliche Angst und Hilflosigkeit und den Haß besonders grauslich und grausam ausfielen; ihnen zu gleichen, wird allmählich nicht nur Gebot, das zu strafen ermächtigt ist, sondern auch Wunsch, der fast schon einen Ansatz zu erneuter Wiederherstellung der Einheit mit dem mütterlichen Schoß oder des väterlichen absoluten Machtbereichs in sich schließt. Indem aus dieser „sekundären" Identifikation mit den Eltern und Erziehern Liebe wird, entsteht im Kinde eine selbsttätig strafende oder lobende Reaktion auf sein Tun und Lassen, die innere Stimme wird laut, das berühmte Gewissen konsolidiert sich.

Von jeher entfernten Sie sich mit Ihrer Auffassung dieser Vorgänge von der utilitaristischen, die Ihnen so gern vorgeworfen wurde, vom englischen Positivismus etwa, der die Gewissensfunktion herzuleiten hebte aus praktischen Veranlassungen, deren Gründe allmählich „vergessen" und um so leichter hinterher sanktioniert würden. (Man braucht nur daran zu denken, was, psychoanalytisch angesehen, schon bloßes „vergessen" heißt! wie tief es dem Zufall enthoben, wie wenig es bloß historisch, anekdotisch, praktisch erklärbar wird.) Ihre Definition der Gewissensinhalte als „Niederschlag der Vorfahrenreihe" hätte nie jemanden darin beirren dürfen, daß deren Quelle im Libidinösen floß, im Drang und Zwang des Menschen zur Identität mit dem Gegenüber der Welt, und hierin seine Tiefe hatte, nicht seichtem Urgrund folglich als die Libido selbst. Aber nicht nur das; obgleich, bis vor etwa einem Jahrzehnt, Ihr Forschungsgegenstand sich einstweilen auf die Libidoprobleme vorzugsweise erstrecken mußte, griff Ihr Interesse schon damals über auf die „ethischen" und „Ideal" fragen als solche; ich erinnere mich, daß unter unsern Nachtgesprächen von 1912 und 1915 eins war, worin Sie mir zugaben, auch schon im „Unbewußten" (damals noch ausschließlicher terminus fürs „Verdrängungsreservoir"), ja bis tief ins Somatische hinein" könnten schon Idealformungen nachwirken. Stand doch schon Ihr Satz da: daß zum „Unbewußten" auch gehören kann: „ein Teil der unser Ich beherrschenden Regungen, also der stärkste funktionelle Gegensatz des Verdrängten". (Auch Ferenczi arbeitete daran, Bewußtseinsschätzungen schon im Unbewußten nachzuweisen, und fühlte sich darin einig mit Ihnen, wie ein Brief von ihm mir deutlich betont.) Und die Erforschungen darüber wuchsen sich immer mehr zum Hauptproblem aus, bis beim Kongreß von 1922 sie von Ihnen zusammengefaßt wurden – wie ein neues Programm – in dem Wort:

„wir sind nicht nur unmoralischer, sondern auch moralischer, als wir wissen."

Der Widerhall davon schuf für die nächsten Jahre ein allerdings ergötzliches Mißverständnis. Die alten Vorwürfe verstummten, und Lob floß aus dem Munde aller derer, die im Namen von Moral und Ideal sich an Ihrer Gleichgültigkeit für das „Höhere im Menschen" gekränkt hatten. Nur wenig wurde es bemerkt, daß die Gewissensstimme dadurch nicht zu einem Sprecher für das „Hohe und Höhere" gemacht war, daß sie nur von noch ursprünglicher her als vorhin, zum Anwalt und Fürsprecher unserer Triebe geworden war. Je weiter hinein in die Untersuchung unseres Trieblebens, desto mehr fanden sich, schon dorthin abgesunken, Teile auch unserer Ichstruktur: Ichbemühungen, das Weltgegenüber unschädlich und willig zu machen durch Übernahme von dessen Wertungen, oder es, mit steigendem Vertrautwerden, hebend in sich einzubeziehen. Für den Moralisten oder Metaphysiker erklingt die Gewissensstimme um so mystischer, von je ferner her sie ohne reale Momentbegründung hörbar wird, das ans „Ubw" Gebundene gibt ihr, in der Tat, eine wie von Schicht zu Schicht durch tausend Echos vervielfachte Wirkung, die zugleich von den uns nächst umstehenden drohenden Schranken und Felswänden wie aus dem Unendlichen zu kommen scheint und uns

ins Nichts unserer frühesten Hilflosigkeit zurückschickt. (Sehr treffend vermerkt A. Stärcke den wahren Sachverhalt: „Das Ideal, nach dem man zu streben scheint, ist das – Bild der introjizierten Reizvergangenheit: es Hegt hinter uns und lockt nicht, sondern treibt." Und so ist „der kategorische Imperativ des Gewissens der unveränderte Imperativ der Triebe".) Namentlich Alexander hat die Aufgabe des Tugendmentors in uns mehrmals näher beleuchtet: diese Aufgabe, der Tugend die Stange zu halten, damit wir uns nicht triebhaft zu unsern Ungunsten verfahren. Genau wie in der ursprünglich hilflosen Angst, suggeriert sie uns Gehorsam, aber auch wo er sich uns noch so verinnerlicht, noch so sehr einer befehlenden Instanz in uns selber zu gelten scheint, stellt er doch nur den vernunftgemäßen Umweg vor, wie wir noch am ehesten zu unsern Erfüllungen gelangen können. Das ergibt eine solche Zweideutigkeit, daß Alexander ganz richtig von einem Spitzeltum sprechen kann, von einem „alten introjizierten Gesetzbuch", das Abwehrmechanismen zu dienen scheint und doch nur, um den Trieb wünschen Hilfe zu leisten. Er betont damit die ganze Verwandtschaft davon mit dem neurotischen Mechanismus, worin uns Leiden auferlegt erscheint als Bußgeld, vorwegbezahlt für die Ermöglichung, erneute Schulden zu häufen. Der Verursacher des Schuldgefühls wie des Strafbedürfnisses in uns ist so Hehler und Polizist in einer Person, weil auch unsere ethischen Ideale sich aus dem Kampf unserer inneren Selbstbehauptung mit den Lebenshemmnissen erst ergeben.
(Vgl. Schilders Einverständnis damit in seiner „Psychiatrie": „Die Stimme des Gewissens zeigt gleich-

zeitig unsere eigenen Vorlieben und Neigungen an: das Ideal-Ich ist also in ähnlicher Weise gebaut wie das neurotische Symptom. – Das Ideal-Ich ist also nach einer Kompromißformel gebaut.")

Diese Nähe des Pathologischen zu unsern gesteigertsten Wertungen entwurzelt am raschesten das Mißverständnis, als hätten wir daran geheiligte Imperative vor uns. Der Zwangsneurotiker beispielsweise, der etwa den Waschzwang ad absurdum führt indem er unsere Methoden der Reinlichkeit als erbärmliche Laxheit enthüllt, müßte uns sonst der einzig konsequente Lehrer im Ernstnehmen eines Gebotes werden; und wie hiermit, ist es mit der Durchführung aller „Solls" bestellt, daß sie in Verzweiflung und Lebensunfähigkeit auslaufen müßten, erhielten wir nicht unser inneres Gleichgewicht durch schwache Abschlagszahlungen statt des vollen Betrags. Mir ist dabei eine Erinnerung unvergessen geblieben, die ich dann noch mehrmals an andern Kindern bestätigt fand: wie tief kränkend und verwirrend es ist, wenn man als Kind gewahr wird, daß die Eltern viel weniger rigoros denken, als sie ihre Kinder glauben machen, ja sogar über etwas allzu streng Befolgtes gerührt lächeln, für das man sich doch so bitter angestrengt hatte. Sie wollen ja nicht „Musterknaben" heranziehen der Name enthält schon das Lächeln in sich; durch die zu strenge Fassung wollen sie nur wenigstens ein gewisses Maß des unumgänglich Nötigen sichern. Blaue Linien im Schulheft sind bestimmt, später auszubleiben, jedes Gängelband dazu, von selbständiger Marschroute beiseite geworfen zu werden. Wird anfängliche, doch höchst zweckvoll gerichtete Autorität nicht rechtzeitig abgebaut, so verfehlt sie nicht nur ihren Zweck, sondern führt am schon gelungenen Teil unseres Wesensaufbaus zu den geheimnisvollsten Gebrechlichkeiten: was anfangs natürliche Außenwirkung war. Stütze und Gerüst fürs noch Unvollendete, das nistet sich dann im Fertigen wie heimlicher Hausschwamm ein, dessen Versteck man nicht kennt; an die Instanzen beim Gewissensprozeß, dem über nommenen „Über-Ich" und „Ichideal", hängt sich ein „Schuldgefühl" und „Strafbedürfnis", die, aus der Dämmerung des Infantilen her, mystischer zu wirken wissen eben durch ihren Abstand von der nüchternen Helle des eigenen Urteils. Dazu kommt noch, daß diese die Folgsamkeit gegenüber ihren Geboten geradezu – soweit sie hie und da etwa nützlich sein möchten – verhindern: denn kein Trieb in uns weicht als solcher einem Soll; mögen wir, ihn eingestehend und verurteilend, unsere Handlungen noch so triebabstinent gestalten, so bleibt er in uns doch nur um so kräftiger, als wenn wir ihm, gutmütiger, eine gewisse Gewährung lassen – was auch Sie betonen. Diese „Mördergrube" in unsern Herzen wird nur ausgeräumt und zu friedlicherm Aufenthaltsort, wenn die Triebrichtung sich selbsttätig, an ihrer eignen Lust, aufgearbeitet, sich gewandelt hat an den ihr einwohnenden Triebmöglichkeiten; nur so bewirkt ja Analyse „Sublimation", und nur diese positive Wendung dürfte so heißen – diese Aufarbeitung (nach dem Terminus von Tausk, der die Gefahr ausschließt, in das „Sublimieren" einen Wertbegriff schon rein sprachlich einzuschieben) aus eigner Wesenheit: oder nach dem Spinozawort aus dessen Ethik, daß wir nicht glücklich seien, weil wir unsere Leidenschaften zügeln, sondern daß diese abfielen an unserm Glück; und nach dem noch herrlichem Spinozawort, daß die einzige Vollkommenheit – Freude sei.

Ich weiß nicht, ob ich mich darin täusche, aber mir scheint, wie wenn unsere Psychoanalyse nicht die vollen Konsequenzen aus diesem Sachverhalt zöge. Alexander, zumeist noch, hat auf das Gesundheitsproblem hingewiesen, im richtigen Gefühl, daß wir, in der Untersuchung am Kranken, die Innern Tatbestände nur wegen ihrer grelleren pathologischen Deutlichkeit so begrifflich scharf zerlegt fixieren müssen. Aber auch ihm behalten sie noch zu viel Konsistenz als gegebene Tatbestände. Gewiß ist auch hier die Linie von gesund und krank fließend, doch es bleibt von unendlicher Wichtigkeit, ob wir z.B. unser Strafverlangen, wenn es einmal aufkommt, als ein totes Anhängsel – eine hängen gebliebene Knospenhülse an der wachsenden Pflanze – nehmen, oder als eine Bedrohung ihrer, zurückzuverkümmern. Im normal ausreifenden Menschen haben naturgemäß die Infantilismen ihre Logik, ihr Gepräge zu verlieren; sie haben in des Lebens Mittagsbeleuchtung schließlich zu entschwinden wie schwankende Streifen des Morgennebels. Was an Restbeständen davon bleiben mag, darf nicht als eine Tabelle mit endgültig starrer Inschrift imponieren. Das „Über-Ich", uns eingepflanzt von den Forderungen des Außen, hat abzuwelken in dem Grade, als das, was wir davon libidinös und mit reifendem Urteil vom Ich aus bejahten, in uns selbständig Blüte treibt; das ist aber zu sehr in unsere eignen Wachstum und Frucht treibenden Säfte aufgenommen, um als ein „Ichideal" über uns schweben zu bleiben und unsere Minderwertigkeit entweder niederzudrücken oder in Überanspannung aufzupeitschen. Gewiß können wir nicht umhin, in tausenderlei „Schuldgefühlen" zu stecken, die notwendig aus unserm reichhaltigen Bestand an Fehlern und Schwächen sich ansammeln, aber im Grunde besehen unterscheidet diese ehrliche Reue sich nicht prinzipiell von dem Bedauern, keine genügend griechische Nase oder keine Schmelingschen Armmuskeln zu besitzen; was man auch überzeugend am Umstand merkt, daß sie stets nur nach „selbstsüchtigen" Handlungen oder Erwägungen als „Reue" anerkannt wird, während sich ebenso starkes Bedauern nach sogenanntem „selbstlosen" Handeln einstellen kann, wenn es inmitten anderer Triebansprüche zu deplaciert, ungehemmt sich, in seiner Triebselbstsucht, gehen ließ. Natürlich findet unausgesetzt ein Kampf der verschiedenen Triebansprüche in uns statt, und je reicher ein Mensch mit ihnen bedacht ist, desto ärger, und natürlich steht es ganz richtig davon schon in der Bibel, daß unsere Gedanken „sich gegenseitig anklagen und beschuldigen", das ist einfach ihr normales Erziehungswerk untereinander, ähnlich wie eine Überzahl an Kindern sich gegenseitig erzieht, den Platz untereinander anweist. Ihre Anpassung aneinander – wie im Organismus Lunge oder Milz oder Leber sich jeden Übergriff mit Schmerz und Krankheit erkaufen müßte – geht psychisch stets erneut über in rechthaberischen Tumult widereinander; ein gekränkter Trieb stürmt gegen den siegreichen, bis dieser, gründlich verwundet, zum „reuigen" wird; aber all dies ist Folge von Leben und Gesundheit, nicht von Schulden und Schäden; des Lebens große Unschuld hegt darüber – krasses

Gegenbild etwa zum Kleinmut und Hochmut des Zwangskranken, der seine Bestrafung dermaßen wichtig überheblich voraussetzt, daß nach seiner Überzeugung ein Eisenbahnzug entgleisen und allen Insassen Verderben bringen muß, wenn er mit drin sitzt.

Wo moralische Imperative allzu rigoros und unpraktikabel über unsere Triebnatur hinweggehen, da streitet die intakt gesunde sogar trotz vollem Autoritätsglauben noch siegreich dagegen an, wie gegen Verleumdungen (man vergleiche dazu etwa in altserbischen Gesängen den Lobpreis des Helden, der, obwohl nach der Christianisierung der Himmelsstrafe wie einer unvermeidlichen Naturfolge gewiß, sie – um die geliebten Sünden weiter zu wagen – eben „auf sich nimmt"). Man darf nicht vergessen, wie sehr die Verunglimpfungen und Überredungen vom „Über-Ich" und „Ichideal" her gleichzusetzen sind unerledigten Restbeständen aus Infantileindrücken, Infantilängsten, und insofern das Unterwegs zu Schuldgefühl und Bereuen nur allzuleicht eine Schwenkung macht in neurotische Abwege. Wird Gehorsam gegen anerkannte Autorität zu erfolgreich, dann liegt die Grenze zum Pathologischen nicht mehr sehr fern – das will besagen: die Triebunterdrückung drückt selber schon, nur versteckt, Wiederkehr der verdrängten Triebhaftigkeiten aus, da auch der geleistete Gehorsam seine Leistungsfähigkeit nirgends anders hernehmen kann, als aus der von ihm infizierten und gekränkten Triebkraft. Ganz entsprechend Ihrem „Realitätsprinzip" als bloßem Umweg, auf dem das „Lustprinzip" normalerweise doch nur sich selber wieder einholt, verbleiben uns die Ansprüche, nach denen wir angetreten; keineswegs verlassen wir unsern Grund und Boden – wir können das nur wähnen in pathologischer Flucht vor uns selber.

Um deswillen vermögen letzte Wertungen, verabsolutierte, wie die ethischen, unmöglich auszukommen, ohne mit dem Endwert aller Werte, dem religiösen, zu paktieren (Eckehart: „es gibt nur Einen Wert: Gott"). Denn irgendwo muß ihre Autorität gleichsam dingfest gemacht sein außerhalb ihrer jeweiligen Inhalte. Wie Elternstrenge sich mit Elternzärtlichkeit mengt, um die Strenge ins Wirksame zu retten, so wurde es in der Menschheitsgeschichte Aufgabe aller Religion, dem Ruhelosen der sittlichen Anforderungen ein stabiles Gottesreich untergeschoben zu halten. Das gilt von dutzendmäßiger Schulmoral an bis in die philosophischesten Abstraktionen, von groben Hilfsmitteln der Belohnungen und Bestrafungen bis zur asketischesten Hingabe an angebetete Imperative. Nur schwer kann man verstehen, wie Ethiker jemals meinen konnten, ihr Absolutnehmen des Sollens sei ohne religiös verankertes Haben und Besitzen durchzuführen, ihr rastloses Fordern ohne begnadetes Beschenktsein. Um so mehr, als es sich ja im Ethischen nicht etwa nur um irgendein Extragebot oder -verbot handeln kann, zu dem man alles Autoritative mal übertrieben zusammenkratzt aus der Metaphysik des Gewissens, sondern ganz und gar um die Verantwortung des Menschen vor seinem Leben – vor der gesamten Breite des Daseins, einbegriffen alle dessen Vielfältigkeiten und Geringfügigkeiten; denn darin wenigstens müßte man dem Ethiker zustimmen, darin hätte er recht: nichts bleibt lediglich praktisch oder augenblicklich von

Wichtigkeit, alles miteinander in unübersehbarem Zusammenhang ergibt unsere Haltung zum Leben – enthält uns und hält uns. Jeder wohlgeratenste – was heißen will; gesund verbliebene – Glaubensmensch ist auch stets ganz durchdrungen davon gewesen, daß ethische Forderung ihn vor eine endlose und unaufhörliche Aufgabe stellt, der er deshalb innerhalb seiner menschlichen Zuständlichkeit niemals total, sondern nur durch die „schenkende Gnade Gottes" gerecht zu werden vermöchte. Zieht man davon die Drastik religiöser Sprache ab, – die aus dem uns Unbewußten gottprojizierende, – so bleibt, daß wir unausweichlich in den Strudel aller Realität geworfen sind und nichts anderes zu tun haben, als uns damit einzulassen. Bedeutet das zweifellos: auf schwankem Boot einen Ozean zu durchqueren, so ists doch unsere Menschenlage – der nicht abhülfe, sich vorzuspiegeln, man führe am Schlepptau des mächtigsten aller Dampfer unvorhandenen Ziellandungen entgegen: dies könnte kaum umhin, die Schärfe unserer Aufmerksamkeit für Wind und Wetter zu schmälern. Je unverkürzter wir hineingehen in die „Forderung der Stunde", den vorliegenden Tatsachenmoment, in die Bedingungen von Fall zu Fall, statt am Bande von Vorschriften, von (– menschengeschriebenen! –) Direktiven, desto verbundener dem Ganzen gerade handeln wir, lebendig getriebener von dem, was alles und auch uns ineinandergreift – mag es in unserer heraus- tastenden Bewußtheit auch alle Irrtümer und Mißgriffe mit umgreifen. Heißt das Jemandem unmoralisch überhebliche Willkür, so hieße mit mehr Recht die infantil-hörige Befolgung von erleichternden Vorschriften eine bequeme moralische Schlamperei! Denn was tat denn der Mensch, als er überhaupt wagte zu entscheiden, zu wählen, zu werten? Er tat seine strengste, gebundenste, weil autonome Tat – keine rechnerische trotz der Methodik ihres Zustandekommens, sondern seine schöpferisch in ihm aufflutende Aktion *grand même*, auf jedes Risiko hin. Legitimiert durch seine über ihn selbst hinausreichende Allwesentlichkeit, welche besagt: ich gehöre mit dazu, nicht nur gegenübergestellt zu feindlichem Kampf – Zu keck gesagt? – Ja, denn das Keckste, was wir uns erfunden haben, ist unser Menschgewordensein: und damit den wertenden Menschen als die sublimste Abenteuerei des Lebens.

IX

Betrachtet man sich den Wertungsvorgang, der allen übrigen Bewußtseinsvorgängen mit innewohnt, so in seiner Besonderheit, so spiegelt er deutlich den spezifischen Charakter des Bewußtwerdens selber: als eines Geschehens, das uns nur in Doppelung – als eines von außen wie von innen gleichsinnig Geschehenden – erfaßbar wird. Fast ist es insofern gleichgültig, wie wir es uns – notgedrungen von einer Einseitigkeit her – illustrieren mögen: ob wir beim Problem des Bewußtwerdens von etwas reden, wobei auf einen Widerstand von außen aufgestoßen wurde, oder andersherum: ob eine Uraktion dessen, was später „wir" sind, ihrerseits das übrige von sich abstieß wie ein Zuviel und sich an solchem Vorgang als etwas für sich gegenüberstellte. Unsere Sprechweise, an der sich vollziehenden Bewußtheit erwachsen, kennt das nur als zweierlei Begriff, aber schon wo wir von bewußtseinsunbeteiligtern Vorgängen sprechen, einigt sich beides unwillkürlich: (z. B. unterscheiden wir Anorganisches vom Organischen sowohl als fehlende Reizsamkeit [„irritability"], wie auch als fehlende Reaktion auf Eindrücke, und verstehen darunter durchaus das Gleiche.) Erst im Kompliziertem (unserm eigenen Bewußtsein schon Angeähneltem) trennt sich uns beides von neuem; in allen Mittellagen des psychischen Erlebens ist es eingefangen in seine logische Gegensätzlichkeit, Unüberbrückbarkeit, und höchstens erst in den exaltierten Zuständen in den „Überstiegenen" des Pathologischen oder aber schöpferisch das persönliche Ichgefühl Überragenden, hebt sich das eine vom andern nicht mehr ab, faßt einander in Unbewußtheit. Wiederum erinnert man sich am ehesten bei diesem ganzen Tatbestand an das erotische Problem, an die Frage, warum wir nicht „narzißtisch" bei uns bleiben, sondern in Liebesabflüssen, Gefühlsausgaben, in die Objektbezogenheit hinausstürzen: der Einzelngewordene entledigt sich auch dort des – auf seine Vereinzelung gerichtet – Zuvielgewordenen, und äußert das doch gleichzeitig und gleichsinnig im Zwang, das nun Gegenüberstehende sozusagen umarmend sich noch einzuverleiben. Denkend wie liebend vermögen wir ja nur an unsern Zuständlichkeiten entlang diesen Vollzug zu verfolgen – diese nach Ihrem Wort: „höchst merkwürdige und immer noch nicht genügend anerkannte Gegensatzrelation im Unbewußten", welche macht, daß uns letzten Endes das bewußt Erfaßte wie das unbewußt dahinter Verbleibende gleichermaßen undurchforschlich bleiben... („das Unbewußte ist uns durch die Daten des Bewußtseins ebenso unvollständig gegeben, wie die Außenwelt durch die Daten der Sinnesorgane", und „Wie das Physische, so braucht auch das Psychische nicht in Wirklichkeit zu sein, wie es uns erscheint" [Freud]). Die Bewußtheit, aus der Überwältigung durch das Unbewußte, aus der Gefahr des Aufgelöstbleibens im Allhaften, gewissermaßen nach vorn heraus flüchtend, entläßt sich daraus, ohne es nach hinten zu doch zu verlassen: es ist nur ein Auseinanderhalten einer Welt vor und hinter uns.

Zwischen beiden läuft dieser Trennungsstrich; die Furt zwischen den Wassern, wodurch sie nicht bemerken, wie zusammengehörig sie sind, und ohne die sie einfach wieder durcheinanderstürzen würden; ein Pfad durch den Urwald, der anscheinend vom Urwald selbst nichts hat, da er auf seiner schmalen Spur ihn gänzlich ausroden mußte. Indem unsere Welt auf diesem Pfad, mit eifriger Vorwärtsarbeit im Ausroden, vor uns entsteht, entwirklicht sie zugleich das, was zu beiden Seiten andrängend uns umsteht. Denkakt ist an sich ja ein Akt des Abrückens, Distanzschaffens, ohne den wir nicht Aufmerksamkeit konzentrieren könnten, ein Akt der Kälte und Negierung von allem Sonstigen, zugunsten einer ausgesparten Einzelheit, die somit überbesetzt, libidinös betont, überwertet erscheint. Wir verständigen uns darüber mit allen in irgend einem Grade bewußtseinsfahigen Wesen, ohne deren Vorhandensein es eine Außenrealität, wie wir sie uns menschlich vorstellen, nicht gäbe, sondern nur jenes wiederhergestellte Einssein von Innen und Außen, Selbst und Umwelt, das wir an den – für uns – „unkompliziertesten" Lebewesen zu bemerken glauben, und so gern für eine Stufung des „Niedersten bis zu uns hinauf" ansehen. Um uns in dieser Würde zu behaupten, suchen wir denkend möglichst diejenigen Fehlerquellen zu vermeiden, die aus unseres Wesens gleicher Grundlage störend sich hineinmischen könnten, entrinnen dieser Urwirklichkeit durch Aufrichtung unseres begrifflichen Weltbildes, das dadurch die Fiktion des Zweierlei zwischen ihm und uns wach erhält, aber doch nur den Spielraum fürs Bewußtsein darstellt innerhalb des unbewußt Umfassenden. Schon aus frühen Briefen erinnere ich mich, mit welcher Freude ich Ihre Auffassung dahin glaubte verstehen zu dürfen, daß das Ubw (trotzdem Sie es damals noch lediglich als Verdrängungsreservoir, noch nicht als Teil des erweiterten terminologisch vornehmeren „Es" ansprachen) nicht nur als Rudimentäres zu gelten habe, als Nachbleibsel einer Entwicklung, sondern als die „psychische Wirklichkeit", die umgreifende, die dem Bewußtsein im Rücken bleibt. Denn Bewußtwerden heißt nicht nur, ihm ent-, sondern auch wiederentgegenlaufen in abschwächenden Bildern: immer weiter abgeschwächten in ihrer Begrifflichkeit und doch nur gültig innerhalb dieses von ihnen Geflohenen, scheinbar im Rücken Gelassenen, was darin sozusagen zu einer fremden Vorderansicht herumgestülpt wird. Damals (im April 1916) schrieb ich Ihnen:

„Für mich liegen hier Punkte, wo ich eine Gemeinsamkeit der Ansichten spüre, die ich vor ein bis zwei Jahren noch nicht vorauszusetzen gewagt haben würde; ich will auch jetzt sehr, sehr vorsichtig Schritt für Schritt mitgehen, um mir nichts zu ‚verinterpretieren' und mich so um die Freude wirklicher Begegnung zu bringen."

Wenn man sich den Denkvorgang psychologisch zu schildern versucht, sind es wieder, wie bei sonstigen Vorgängen, pathologische Verdeutlichungen, an denen er ablesbarer wird, sozusagen Lapidarschrift gewinnt. „Wenn wir die Ursachen gewisser Sinnesempfindungen nicht, wie andere, in uns selbst suchen, sondern sie nach außen verlegen, so verdient auch dieser Vorgang den Namen einer Projektion", sagen Sie bei Gelegenheit der Beschreibung des Paranoikers, der, in der Flucht vor seinen uneingestandenen Antrieben, diese in Gestalt von ihn verfolgenden Feinden in die Außenwelt projiziert sieht.

(Ganz in Ihrem Sinne vermerkt einer Ihrer Schüler – Wälder: Mechanismen und Beeinflussungsmöglichkeiten der Psychosen, Internat. Zeitschr. f. PsA. X, 1924, – daß unser „ganzes Bewußtsein nichts anderes sei als Rationalisierung. Nicht nur komplexbedingt irriges, sondern auch unser wahres Urteil und die richtige Erkenntnis müssen als Rationalisierung und Projektion verstanden werden"). Diese Nähe des Pathologischen dazu läßt nie vergessen, wie sehr es eigentlich nur Akte der Vor- und Umsicht sind, durch die wir uns denkend in der „Normalität" festhalten, – wie zwischen Absturzandrohungen rechts und links. Hören wir von den Abrutschungen Geisteskranker, von ihren Neologismen, Negativismen, Stereotypien, Perseverationen usw., so weht uns nicht zu Unrecht ein Schauer an, denn diese Worte umschreiben nur eine um weniges zu weit gehende – teils im Stocken, teils im Hemmungslosen – Benutzung der Denkaktivität, eine etwas unbedachtere Handhabung auch unserer Balanzierstange dabei. Ungefähr wie im Moralischen erst der Zwangsneurotiker uns darüber belehrt, wie lax und kompromißhaft, wie unernst unsere Bemühungen um Befolgung von Verboten und Geboten seien, so schützt uns auch hier nur das Kompromiß, das Mittelwegsglückende; es führt zum Denksystem zwecks Verständigung und Übereinkunft mit Unseresgleichen, zur „Wahrheit" als zur Gleichheit der Wertbesetzungen dessen, was wir aus dem Unbewußten projizieren, – d. h. (Freud) aus den Sachvorstellungen, die sich dort bilden, in Wortvorstellungen, begriffliche Verdünnungen, abstrahierende Abbilder fassen. Drum betonen Sie auch, daß ebenfalls, was wir Gedächtnis nennen, „scharf zu scheiden ist von den Erinnerungsspuren", d. h. dem noch nicht ganz denk-konventionell Bearbeiteten; die Bewußtheit entstehe „an Stelle der Erinnerungsspur", – durch die Besonderheit ausgezeichnet, daß der Erregungsvorgang in ihr nicht – eine dauernde Veränderung seiner Elemente hinterläßt, sondern gleichsam im Phänomen des Bewußtwerdens verpufft". So erreichen wir durch unsere Denkkonventionen, daß wir die tiefere Wirklichkeit nicht nur beliebig ignorieren können, sondern sogar an unserm Weltbild alle sich ergebenden Lücken, Schiefheiten, Hinzufügungen und Ausschaltungen uns als positiv, als zur „Wahrheit" zugehörig erscheinen. Nur wenn wir allzu „abstrakt" denken, werden wir der Gefahr etwas inne: „die Beziehungen der Worte zu den unbewußten Sachvorstellungen zu vernachlässigen, und es ist nicht zu leugnen, daß unser Philosophieren dann eine unerwünschte Ähnlichkeit in Ausdruck und Inhalt mit der Arbeitsweise des Schizophrenen gewinnt".

Selbstverständlich soll auch nicht einmal von ferne die psychologische Wendung des Problems der Realität ins Erkenntnistheoretische gestreift werden, aber psychologisch vermerkt kann doch werden, ob nicht in uns allen eine Ahnung lebt vom Fluchtcharakter des Denkens vor tiefer gründender Wirklichkeit, der wir nur deshalb so arrogant sicher, als bewußte Einzelwesen vor einem „realen" Weltgegenüber, entsteigen, weil wir auch da eine

„Urverdrängung" verübten, oder, von außen gesehen: von ihr erfaßt wurden. Man beachte die ungeheure Überbetonung, Überwertigkeit, die dem Begriff „real" praktisch und faktisch in uns anhängt: „real" in einem Gegensinn zu bloß „subjektiv", das als weniger „real" dahinter zurückzutreten hat; mir wollte es immer scheinen, als drücke sich darin so etwas wie ein schlechtes Gewissen aus, – nämlich ein „verheimlichtes Wissen" um den Umstand, daß wir – ein und dasselbe mit diesem Außen, – es doch von uns abgeteilt und uns gegenüber gesteht haben; unsere Überbetonung erstattet dem Gegenübergestellten mit dem Sinn von „real" etwas von dem ihm Fortgenommenen an Wirklichkeit zurück; wir haben etwas gleichsam dran wieder gut zu machen. Auch beim sogenannten „naiven Realisten" mag ein Letztes davon noch mitsprechen, warum ihm das Auflösen der Realität in Schein, sei es philosophisch in Berkeleyschem usw. Geist oder in der Vorstellung der Inder vom bloßen „Schleier der Maja" oder sonstwie als „handgreiflicher Unsinn" nicht eingeht; vielleicht ist es ein unbewußt bleibender, begrifflich falsch rationalisierter, aber heimlich wirkender Unwille, um die Ganzheit betrogen zu werden, die wir mitsamt dem Realen darstellen, und die ebenso scheitert, wenn wir es, als wenn wir uns zum allein Positiven machen. Eine uneingestandene Art von Ehrfurcht steckt in unserm Realnehmen auch noch vor dem geringsten Ding der Realität, eine Ehrfurcht wie vor einem bloß verwunschenen Prinzen, dessen Königlichkeit sonst ihn mit uns als von gleichem Range erwiese – von absoluter Ebenbürtigkeit. Und ist die geheime Zuversicht, – in diese dem Bewußtsein nicht erschließbare, ja dem Bewußtsein als dem Trennungsstrich zwischen Innen und Außen geradezu prinzipiell absurde, Wesensgleichheit von subjektiv und real – ist diese Zuversicht denn nicht selbstverständlich bei Wesen, die ihr eigenes „reales" Dasein nicht umhin können als Körper zu haben? Die alles was sie triebhaft, subjektiv, veranlaßt und durchströmt, doch auf der Blutbahn ihrer Leiblichkeiten ins Bewußtsein erst empfangen? Die ihr Denken selbst nur zu seinen Unterscheidungen und Projektionen befähigt wissen infolge der Triebkraft und Unterheizung, die wir nicht weiter als bis ins körperliche Behältnis davon bewußt verfolgen können? Wie sollten wir das, was uns die Wahrnehmung unserer Sinneswerkzeuge zuführt, – sowohl am gesamten Außen wie an unserm eigenen kleinen, – nicht einerseits gutschreiben über- subjektiver Wirklichkeit, andererseits wiederum einer darin mitenthaltenen überrealen unserer selbst? Wie sollten wir während wir das eine Mondviertel schauen, es nicht in die Rundung des vollen Mondes eingereiht fühlen? Nach beiden Seiten ist es uns ja sowohl doppelt gegeben als auch total entnommen (im Goetheschen Wort ausgedrückt: „Im Subjekt ist, was im Objekt ist, und noch etwas mehrj im Objekt ist, was im Subjekt ist, und noch etwas mehr." Naturwiss. Schriften).

Was Sie (im „Jenseits") vom Bewußtsein als dem „Reizschutz" schreiben, das uns vor dem Durchbruch der Außeneindrücke zu bewahren hat, indem es die allzu starken entspannen und zurückwerfen hilft, zeigten Sie uns ja auch für den Reizschutz nach innen zu, der das Triebhafte, das uns über den eignen Körper hin wahrnehmbar wird, tonisch bindet und in – uns unzugänglichen – Tiefen verwahrt. Wo es sich also um unsere subjektive, personelle Intaktheit so wenig kümmert wie um die im Bewußtseinsprozeß „verpufften" Außeneindrücke: dort ist es weder Bewußtheit noch „unser" Trieb. Was wir mit „Trieb" bezeichnen, leidet zwar an einer besonderen Schwierigkeit, die dem rein Formalistischen des Bewußtseinsbegriffs nicht anhaftet; Trieb ist das Inhaltliche, das gegenüber dem formalen Trennungsstrich der Bewußtheit in einer unangenehmen Schwebe bleibt, nicht hüben und nicht drüben fest und alleinig angesiedelt. Sie nennen es drum auch mißbilligend einen „Grenzbegriff zwischen Physischem und Psychischem", und tatsächlich haben, bis heute wenigstens, Biologen und Psychologen nichts Besseres zu tun gehabt, als sich den „Trieb" einander zuzuwerfen, wobei er, so oft man hinsieht und ihn fixieren will, in der Luft bleibt, außerstande, irgendwo ganz auf den Boden zu gelangen. Ich erinnere mich, daß ich Ihnen einmal, fasziniert davon, schrieb, „es sei eigentlich ein Thema wie für ein Märchen". Denn der Luftsprung, den der „Trieb" zwischen real und subjektiv machen muß – als für unser Denken dem Leibe unlösbar zuständig, und als zugleich unser innerlich Letztes, Ausgangspunkt alles Psychischen, – ist ein Kunststück unserer Bewußtseinsmethode, das wohl nachdenklich machen kann. An und in ihm kehrt sich Innen und Außen unkontrollierbar um sich selber herum wie eine Drehtür, und wenn wir weiter folgen, dreht er sich deshalb in reine ichlösende Dämonie um, die in dem Urtümlichsten, Gedankenfernsten eine Abgehobenheit von Allsein und Ichsein schon nicht kennt. Und erneut landen wir, innerhalb der Menschenwelt, wiederum beim bewußtseinsentrutschten Psychoten, der, so bezeichnenderweise, in seinen Besserungsschüben, an einer „Organsprache" – an seinen Körperorganen entnommenen Wortbildungen, – sich verständigen lernt mit den „Ichen" der Andern.

Aber auch im Bereich der vollsten Normalität ist es ja so, daß das Triebhafte sich in unser Bewußtsein weit notwendig ein wenig deplaciert hinsetzt. Es gelingt uns nicht, „triebrein" zu denken, abseits der Fehlerquellen, die unsere Triebhaftigkeit hineinträpfeln läßt, affektfrei zu Verstand und Wahrnehmung gestellt: denn diese Gegensätzlichkeit zum Affektiven ist ja, widersinnig genug, eben ans Affektive gebunden, um vonstatten zu gehen, und wiederum können wir andrerseits bei unsern Triebbetätigungen und Tendenzen nicht umhin, sie uns denkend vorzustellen. Diese wechselseitige Gebundenheit der fremdtuenden Gegensätze verrät so deutlich ihre Verwandtschaft, daß die „Ambivalenz" auf dem Urgrund der Dinge sich doch nur am Rand der Bewußtseinsoberfläche so endlos tiefreichend ausnehmen mag. Unsere Triebbetätigungen müssen sich allerdings – wollen sie nicht aus der Welt fallen – „die „Realitätsprüfung" durch die Strenge der Bewußtseinsordnungen gefallen lassen, jedoch unsere Denkkategorien benehmen sich dabei nicht ganz unähnlich dem erwähnten Spitzeltum unserer moralischen Vorschriften: sie fahren ihr schwerstes Geschütz schließlich und endlich doch nur auf, um sich auf dem Entscheidungsfeld zu verbrüdern. Denn die Realitätsprüfung erweist sich auch hier als bloßer notgedrungener Umweg, um sich ein angestrebtes Lustziel dennoch irgendwie zu ermöglichen. Ja, man darf gut sagen: unser Denkverfahren – verglichen mit unsern triebbedingten Lebensmethoden, die unbedachter mit der Tür ins Haus fallen und sich dabei empfindlicher stoßen, – entspricht sogar einer noch naivern Methodik: sie tut, als entspräche sie in ihren strengern Ordnungen einem Mehr an Erfassen, während sie, sozusagen, von vornherein eine Hälfte des zu Erfassenden zurückläßt, um sich die andere zu künstlicher Ganzheit auszurufen. Im Hinaushalten des Realen als eines Außerhalb-unser, ist das Bemühen nur versteckt, sich seiner begrifflich wiederzubemächtigen, es zugleich aus der Zerstückelung zurückzunehmen, etwa wie ein Kind im Mosaikspiel eine Landschaft fehlerlos vor sich „legt". Die im Denkakt provozierte Zerreißung in Einzelheiten befindet sich bereits in seinem eigenen Verfahren in einem erneuten Vernäht werden der Risse; wir machen den denkerischen Prozeß zu einem dem Liebesvollzug ähnlichen: uns die verlorenen Zusammenhänge begrifflich einverleibend – wie man auch vom Denkergehirn als dem „erotisierten Organ" nicht nur illustrativ redet. Ebenso enthält logisch-kritische Untersuchung, obwohl Gegenpol zur künstlerischen Phantasie, dennoch Analoges zu deren Gestaltungstendenzen, denen sich noch das abgetrennt Winzigste, wie Wasser im Tropfen, zum Gesamtbild, zur Gestalt, rundet; ist denn nicht unsere Begriffssprache selber nur wie ein Noch-weiter-auseinanderschauen des Getrennten, bis es sich ihr irgendwo doch „dingfest" verbildlicht, um ins logische Schema preßbar zu werden? Noch frappierender aber gleichen sich unsere erkennerischen Verfahren in einem dritten Punkt unsern triebgerichteten an – obwohl sie gerade dort am prinzipiellsten Geschiedene bleiben sollen; nämlich unsern am unwillkürlichsten wertenden. Nichts gibt es, was unserer Wertung unausweichlicher sicherstände als das, was „Wahrheit" und deren Erforschung heißt. Und das beruht weder allein auf dem praktisch Notwendigen und Wichtigen daran, noch auch nur auf metaphysisch geltender Überwertung, sondern auf unwillkürlichem Abhängigkeitsgefühl unserer Menschenwürde davon; lieferten nicht sogar Sie selbst den Beweis dafür, indem Ihnen der Ausdruck „beschämend" entfuhr, bei Ihrer Erörterung von Illusionen, durch die wir aller Einsicht in Verstand und Vernunft ins Gesicht schlügen – obschon wohl nie Jemandem ferner liegen könnte, den Wertsinn irgendwelcher „Wahrheit" anders als sachlich-nüchtern anzusetzen. Was ist es denn nun mit dieser unserer Wahrheitsbewertung in Hinsicht auf unsern „Menschenwert"? Nichts ist uns ja geläufiger als gerade die grundsätzlich schärfste Trennung von Denken und Werten, Erkennen und Wünschen – so scharf, wie sie bewußterweise überhaupt möglich sei. Jedoch, indem wir das, um des reinlichen Erkenntnisergebnisses willen zur Voraussetzung machen, sagen wir ja damit nichts anderes aus als wiederum den überragenden Wert des Erkennens für uns: für unsere Menschenschätzung des Erkennenden selbst. Während wir unsere sonstigen triebhaften Beurteilungen vom Erkenntnisakt beiseite zu halten suchen, ist seine Wertung an sich keine gemiedene Fehlerquelle, sondern ihr entquillt gerade der Eifer des erkennerischen Verhaltens als solchen.

Mir scheint nun diese Verwicklung von Denken und Werten auf eine sehr erfreuliche Lösung geradezu angewiesen: nämlich darauf, daß für uns – zum Bewußtsein geborene Wesen, – auch unser übriges triebmäßigeres Verhalten erst dadurch zur menschlichen Vollbetätigung kommt – für unsere Erlebnisart zu Worte kommt. Es ist deshalb eine ganz ernste Sache damit, wenn – wie es neuerdings manchmal verstärkt geschieht, – die denkerische Einstellung vorwurfsvoll als Schädiger des wahrhaft Lebendigen angeschwärzt wird, wie wenn dieses dran verkümmere. Jemand, der, auf Gang organisiert, sich der Beine entschlüge, würde damit ja nicht nur aufs Gehen, sondern aufs gesunde Funktionieren seines gesamten Organismus Verzicht leisten. Im Gegenteil: wir sind durch unser Gesamtwesen veranlaßt, nur um so kräftiger auszuschreiten im realen Gegenüber der denkgegebenen Welt, weil auch diejenigen Tendenzen in uns, die das lieber überfliegen würden, auf keinem andern Wege ans Endziel ihrer eigenen Welt sich heimfinden. Ist es nicht ergreifend, sich darauf zu besinnen, wie wir erst an der denkbegrenzten, realveräußerlichten Wirklichkeit unserer verlangenden innern Welt zu Verwirklichungen verhelfen? Wie z.B. der erotische Überschwung sich am beschränkten, unzureichenden Einzelobjekt allein voll ausstürzen muß, um sein Erlebnis zur Reife zu bringen; oder wie die Aufschwünge schöpferischer Phantasie alle innigste Kraft um den exakten Dienst am spröden Material sammeln müssen – wie ihre Vision dem Geringsten davon restlos gerecht zu werden hat, auf daß sie lebe?

Wir sind eben nicht nur Kompromißler wie in

der Neurose – wir sind nicht nur, wie in der Normalität, Ergänzende und Hinzuerwerbende zu unsern Einseitigkeiten, – wir selber „sind" der „Mensch mit seinem Widerspruch", der an seiner Reibung erst sich fruchtbar selbst erlebt als Bewußter. Als ich vor Sie hintrat, da kam mir an Ihrer Tiefenforschung dieses Erleben erst zum Vollzug. Denn Ihnen hatte es sich an Ihrer eigenen Schöpfung so gewaltig vollzogen, daß wir Alle es daraus empfangen konnten als Ihr Geschenk. Ihnen hatte sich, am Rationalen Ihrer Denkweise, durch deren unentwegte Konsequenz der Forschereinstellung – durchaus dadurch! – gerade das bisher Unbewußtverborgene zu Bewußtwerdungen unerhörter Art entblößt. Mir, die von der andern Seite her unterwegs war, wurde infolgedessen durch Sie die entgegengesetzte Lage zu innerm Ereignis: in der Nachfolge Ihrer erst, ergab sich mir das Bewußtgewordene als Sinn und Wert des unbewußt Angestrebten.

Was hier steht, bringt all das freilich nur zu einem Notbehelf-Ausdruck, und zwar nicht nur, weil es so zurücksteht hinter Ihrer Ausdruckskraft, welche die Worte wohl zwänge, sondern auch deshalb, weil etwas ganz Starkes mir dabei die Stimme verschlägt, so daß Worte sich fast erübrigen und nichts mehr bleibt – nichts, nichts, nichts – als Dank.

Göttingen, Frühling 1931

Lou